居酒屋
鈴芳
煮込 焼肉
すゞめ焼
841-7587
大勝
3841-7364
居酒屋
鐵屋
樽生ホッピー
創業50年
牛スジ
もつ煮込

ぶらり隠れ酒散歩

四時から飲み

林家正蔵

とんぼの本

新潮社

目次

四時飲みのお約束。

林家正蔵

四十のなかば過ぎた頃から、四時飲みが始まった。噺家《はなしか》という稼業をしていると、昼席の高座を終えれば、もう何の予定もなしなんて日がある。芝居や映画は、観る気で足を運びたいし、古本屋や中古CD捜しをしても時間があまる。家に帰って稽古をすればいいのだが、その気にもなれず。フラフラしていると、フワァーと心の中に「一杯やろうか」という気持ちが浮びあがる。それがきっかけ、それがはじまりとなった。五十を過ぎると立ち呑みはつらく、千《せん》ベロは少々品がない。朝飲みは身上をつぶすし、ランチビールは気どりすぎ。後ろめたさと飲みたい気分をふるいにかけたら「四時飲み」がコロリと目の前に転がりでた。三時はおやつ、五時じゃあたり前。すると間をとって四時がいい。四時から飲みだせば夕飯前にはいい気分。早寝はできるし、二日酔いにもならない。なんて体裁のいいことばかりを並べているが、そのままダラダラと深酒になる。それもそれでいいと思う。四時飲みは良き大人のお楽しみ。それならば少々しばりをもうけたくなる。

一、後ろめたさを友とし、堂々胸を張らずにこそこそっとのれんをくぐる。

一、財布をいためない店を捜す。基本三〇〇〇円以内。但し時には、ごほうびもあり。

一、基本は一人酒。多くても二人連れまで。大人数の宴会は御法度。

一、良い店は、あまり人に教えない。

以上、四ヶ条をお約束ごとにしたいのだが、最後の人に教えないという項目は自ら出版という形で破ってしまっているので、

一、良い店は四時飲み好きにこっそり教えるべし。

に、変更させていただく。今回伺ったどの店も、その店のたたずまい、客との間合い、客同士のさりげない一体感が見事。店を愛し、酒を楽しむ心に満ちている。

これからも体に気をつけて、夕方四時を過ぎたらコソコソ飲みあるこうではありませんか。もし、良い店があったらこっそりお知らせ下さい。よろしくお願い致します。

何処かの店のカウンターで四時過ぎにお会いするのを楽しみにしております。

なだらかな幸福感に酔いしれる。

浅草 水口食堂《みずぐちしょくどう》

四時から酒を飲む。こんな快楽はない。ランチビールは当たり前。五時を過ぎたらただの晩酌。朝から飲んだらその日、一日が無駄になる。だから四時飲み。本当は三時でもいいのだが、おやつの時間に飲むのは、まだ早い。だから四時飲み!! 夕方にしちゃ明るいし、昼間というには遅すぎる、お仕事中の人々に申し訳ありませんねェーと少しだけ頭を下げつつ飲む酒のウマイこと。後ろめたさと自分へのご褒美《ほうび》。だから四時飲みはやめられない。

ただし、どこかでルールを決めておかないと、アル中への道をまっしぐら。そこで私は三つのしばりを課した。一、はしごをしない。一、二〇〇〇円でお釣《つり》が来る範囲におさめる。欲をいえば一五〇〇円以内。一、こだわりを押しつけず、汚なからず、常連びいきでなく、一見《いちげん》にもやさしく、酒の好みが合い、つまみがうまい。この条件をすべて満たす酒場はあるにはあるが、たいていは五時に店が開く。四時となるとかなりしぼられる。そこで、芸人、友人、赤の他人の情報をもとに、四時飲み派の呑んべェの皆様と、そして四時飲み知らずの初心者の酒飲みに、とっておきの最良店を紹介できれば幸いである。

まずは地元浅草。浅草は馬券売場の裏手に、煮込みストリートといわれる午前中から開いている赤提灯が軒を並べるところもあるが、できればもう少し、店のグレードを上げてみたい。

その日は浅草演芸ホールの昼席、しかもひざ前（トリを務める真打の前に出る色物の前）三時半からの十五分高座、つまり寄席を出るのは四時ちょいと過ぎ。しかもその後に何の用もなし。そのうえ、一席終えた後なのでいい塩梅に喉もカラカラ。さてどこの店で四時飲みして行くか。迷う間もなく、まるで導かれるが如く、自然と足は「水口食堂」へと向かった。おい！ 四時から飲む店で「酒場」がつかず「食堂」へ行くとは何事ぞ！ とお思いの皆様、この水口をあなどってはいけません。昼の水口、夜の豚《とん》八《ばち》＊といわれるほど長きにわたり、舌の肥えた数多くの芸人たちに、酒よし、肴よし、ついでに飲めない御仁（意外と噺家でも多い）

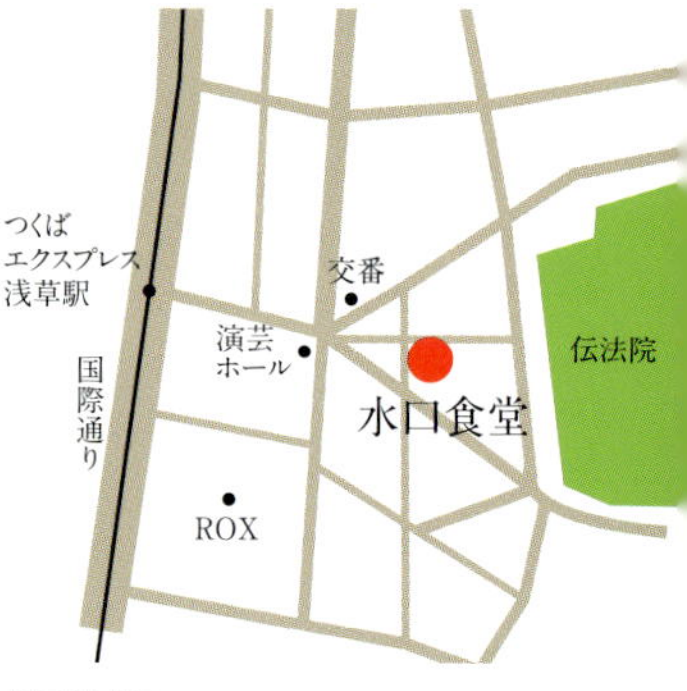

台東区浅草2-4-9　TEL03-3844-2725
10時～21時30分、土日9時～21時30分（ともに21時LO）／水休

＊豚八は2012年閉店。

「いり豚」。創業当時からあるメニュー。

上左）栃尾の油揚げ、まぐろぶつ切り。
上右）あじフライ、自家製ポテトサラダ。
下）100種類ものメニューが並ぶ店内。

にも、べら棒に旨い定食が食べられる、そのうえ、そんなに懐《ふところ》もいたまない名店として愛されている。

暖簾《のれん》をくぐったのは、四時を五分ばかり過ぎたあたり。奥の席に座る。頭上にはテレビがあり、「水戸黄門」の再放送、しかも東野英治郎さんが「カッカッカッ」とのどかに笑っている。あー、四時飲みを実感する。印籠が出てくるまでにはまだ四十分ぐらいある。壁にかけられた木札に目をやり、何を注文しようかと迷う。すごく悩む。これ、いつものこと。諦めて生ビールのジョッキを注文。しまった、この店は大好きなサッポロのラガーの大瓶があったんだ。キリンのラガーもいいが、親父が飲んでいたサッポロのラガーにいまだ憧れる。置いてある店も少ないし、なんかこのビールがあると出来るなという感じが不思議とする。しかもさりげなく冷えているこの距離感がたまらない。やっぱり瓶ラガーにしておけばよかったな。後悔していると、生ビールがくる。ゴクゴク、ゴクゴクもう半分ない。やっぱり夏は生ビールだ。己の主体性のなさに呆れつつ、名物「いり豚」を頼む。五八〇円。このいり豚は、東京下町の独特の食べ物らしい。というのはグルメ本にも料理書にもあまり登場しない。子どもの頃、祖母がよく「いり鶏」を作ってくれた。豚が食べられなかった祖母は、フライパンにさっと油をひき、鶏肉と玉ねぎを炒めて、ウスターソース、ケチャップ、醤油少々で味付けして出来あがり。私の子どもの頃のごちそう。浅草で飲むようになって「いり豚」を知る。以前は何軒かメニューにのせていたが、今ではこの水口食堂でしかお目にかかれない。初代の頃からずっとお品書きにあったとのこと。オリジナルソースで炒めているが、ケチャップ、ソース、そしてかすかにカレー粉の香り、プロの味付けだ。「いり豚」はビールもいいが、チューハイもまたよし。

隣の席には、初老の紳士が二人、酒を酌み交わしている。二人ともジャケットをはおり、一人は鳥打ち帽をかぶって、しかもペイズリー柄のアスコットタイを締めている。きっと華やかなりし頃の浅草六区界隈を知っている年代とお見受けした。おしゃれをして水口食堂で飲んでいるというその気持ちがうれしい。

自動ドアが開き、六十代のおばさんが一人汗をふきふき入ってくる。レジ近くのボックス席にどっかりと腰を下ろして、「大瓶といり豚」と注文していた。店員さんとのやりとりで大衆演劇の座長公演の帰りとわかる。幸せな一日だったのであろう。

考えてみると、このなだらかな幸福感が四時飲みにはもっともふさわしい。三八〇円のはんぺん、栃尾の油揚げ。どれにしようかと迷ったあげく、油揚げを注文。チューハイをもう一杯飲んで、ごちそうさまでした。しめて二三一〇円。予算を少々オーバーしつつもトップバッターということでと、自分に甘く店を出る。おっと、苦手な先輩が向こうから歩いてくる。気付かれないように角を曲がり家路に向かう。次は寄席から離れた店にしよう。

そば
川

そば屋の快楽。

日暮里 川むら《かわむら》

ここのところ、早朝の散歩をかかさない。別にやせようとか、健康に目覚めたというわけでもなく、なぜか「歩きたい」という気持ちに素直に従ったまでのこと。コースは三つ。谷中の墓地から幸田露伴の「五重塔」跡、三崎坂《さんさきざか》を下り森鷗外の観潮楼址をめぐるクラシカル純文学コース。ふと物想いにふけるのならば、寛永寺、上野の森、不忍池《しのばずのいけ》をまわる瞑想コース。下町の情緒を味わいたいのであれば、「谷中へび道」からよみせ通り、谷中銀座をぬけて日暮里に出る人情味コース。

　さてさて足はどちらに向かうやらと、ふらっと歩きはじめる。ふと頭に浮んだのは「へび道」にあるベーグル屋のこと。とてもわかりづらい場所にあり、しかも御主人一人で店のきりもりをしているので取材拒否の店。店が開いているのも、水、木、土、日、祝日の朝七時と昼十二時半のみ（売り切れ仕舞）。ここの「あんこ入り」ベーグルは絶品である。

　そうだ、今日は開いている日だから、朝食用のベーグルを手に入れようと、日暮里人情味コースに決定。たまたまであろうが、その日に限り、お目当ての「あんこベーグル」は品切れとのこと。しょぼしょぼした気分でぶらぶらと歩く。こんなことがあると何か違う形で心の穴をうめたくなる。

　日暮里駅から墓地を抜けて帰ろうとすると、駅前のそばの名店「川むら」の前を通りがかった。シャッターはおりていたものの、定休日の木曜ではない。しかも名物「牡蠣そば」の時期だ。ベーグルのかたきを旨いそばでと、出直してくることにした。ここは、たしか通しの営業。気が楽だ。お気に入りのそば屋はたいがい昼と夜の営業の間に休みをとる。これが四時飲み派にとっては、頭が痛い。二時から五時のそのゆるい時間に少々喉をしめし、そばをツルツルと手繰《たぐ》るのが、大人の快楽というものでしょう。夜の仕事がないのでワクワクしながら陽がかたむくのを待った。

荒川区西日暮里3-2-1　TEL03-3821-0737
11時30分～20時30分（LO）／木休

午後ののんびりした時間帯にお邪魔したものの、店は結構、混んでいた。さて、そば屋で飲むにも、それなりのルールを自分の中でこしらえている。一つ、長っ尻はしない。できれば三十分ぐらいで店を出る。一つ、ビールを飲まない。やっぱり酒でしょ、米の。一つ、腹一杯にしない。これは寿司でも、そばでも同じこと。ある先輩に教わった。食うもんは腹一杯にしろ。ただし、手繰ったり、つまんだりするものは、腹六分ぐらいがいい塩梅だと。だから少々つまみを注文して「もり」、せいぜい「かけ」を手繰ってそれでおしまい。以上、三つの掟を守るべく、いつもそば屋に向かう。

その日は、まるで季節にそぐわない日照りでついつい汗をかいてしまったせいか、思わず店の人に「生ビール」と言ってしまった。いきなりの掟破り。しかもここの生は、サッポロのプレミアムホワイトだから、冬場や春先の喉しめしにはもってこいのコクと旨みと量なのだ。板わさもいいが、今日はホワイトセロリのおひたしと、めかぶ酢を注文。あとは生酒「喜楽長」を頼む。山田錦を五〇パーセントまで精米して、蔵のタンクから直詰めしたとのこと。スッキリとコクのバランスがいい。

隣のテーブルでは、「辛くないのー」「いやー、いけるョ」「でも辛いわョ」「うまいョー」という会話。どうやら「川むら」名物の青唐辛子玉子焼きを食べているらしい。まだ食べたことがなかったので、もらうことにした。しかも大辛で。何も玉子焼きに青唐辛子を入れなくてもいいだろうという御仁はぜひお試しあれ。そばやの玉子焼きが旨いのは常識だが、ここのは甘みをおさえているので、酒のあてにいい。しかも青唐辛子がピリリとくるので、

おすすめメニューの札がかかる店内。

店を出てすぐ左手にある「本行寺」。江戸城内の平河口に創建され、宝永6(1709)年に、現在地に移転した。

牡蠣入りのあたたかいつゆに、
つめたいおそばの「牡蠣せいろ」。

ついつい飲んでしまい、気がつくと三杯目。しかも小一時間経過。午後五時を過ぎると、刺身をはじめ、大好きな衣《きぬ》かつぎ、加賀太きゅうりの金山寺みそ添え、奴《やっこ》に、ぬか漬けと登場してくる。以前、ここのかつおの刺身を食べてびっくりした。身の鮮度から包丁の入り具合、あまりの旨さに悶絶した。

しかし、そろそろそばを手繰っておいとましようかと、品書きに目を通す。どうしても冷たいものと温かいつゆものを頼みたい。目にとまったのが「香りそば」。おろし、みょうが、しそ、ねぎがどっさりのったぶっかけそば。旨いなー。薬味が引き立てるんだよなーそばの旨みを。スルスルッと腹におさまる。あとは温かいもの。かけにしようか。まてよ。名物「牡蠣そば」にしよう。

十月から三月までの限定品。何度も通っているが、一度も食したことがない。私のまわりの「川むら」のご贔屓は、ここの「牡蠣そば食べないと、冬は来ない」とまで豪語した。よし、牡蠣そばにしようと決めかけた時、向かいのテーブルからプーンとカレーの匂い。メニューを見ると、うどん、きしめん、小豆島のそうめんまである。これだけそばが旨いのに、ここまで麺の種類があるとは、思わず「カレーうどん」と声をかけてしまった。野暮を承知でうどんをすする。うまいなぁー！　幸福だなー。腹一杯。もう今日ばかりは江戸っ子の看板をおろすことにする。

帰り道「牡蠣そば」はいつになったら食べられるのかしらと思いつつ、徳川慶喜のお墓を抜け、御隠殿坂《ごいんでんざか》に向かった。

上)ピリっとした味わいの「青唐辛子玉子焼き」と、蔵元直送の純米大吟醸生酒「喜楽長」。
下)「小柱のかきあげ」。

釜飯 03

〆は、絶品の釜めしで。

浅草

釜めし むつみ

かまめしむつみ

浅草観音堂裏には、いい店が揃っている。六区や仲見世とは違い、地元の人がひいきにする洋食、中華、和食の店が数多い。いわば、言問通りを挟んで、浅草寺側は表舞台、見番のあるほうは、知る人ぞ知る舞台裏ということになる。映画の撮影が延期になったので、寄席の高座前に稽古にでかける。はじめ根岸小学校裏の踊りのお師匠さんの処《ところ》に伺い、一汗かいた後、金杉から千束をぬけ浅草見番と、なるべく裏道を選んで小唄の稽古に向かう。本来ならば、言問通りをまっすぐ行けば近いのだが、道中、小唄をさらい直しているので、あまり他人《ひと》に見られたくないのだ。

小唄を習いはじめたきっかけは、「唐茄子屋政談」の家を勘当された若旦那が吉原田圃で花魁《おいらん》を思い出し、口ずさむことから。素人の若旦那なのだから、特別上手でなくてもよいのだが、うまく唄えば、中手《なかで》がきたりする。別に拍手をもらいたいのではなく、噺だけでない落語家として習い事をちゃんとしている厚みが、自然と鼻にかけることなく高座から漂ってくる、そんなトラディショナルな芸人になりたいと思っているからだ。だから、できるかぎり歌舞音曲を習いにでかける。義太夫を習っていたので、はじめのうちは、小唄のお師匠さんによく「師匠の小唄は力みすぎ」とか「それじゃ、はばかりで唸っているみたい」とお小言を頂戴していた。本来ならば義太夫からではなく、長唄から小唄に入るのが筋らしいが、粋な文句の玉手箱のようなフレーズをさらりと唄いこなしてみたく、通っている。

台東区浅草3-32-4　TEL03-3874-0600
11時30分～21時30分（LO、釜めしのみ21時LO）
／無休

浅草寺の浅草観音宝蔵門。

このお師匠さんは、芸にも芝居にも、そして食べるものにも、きちんとした意見をもっている。「あすこはこうだから、良いとか悪い」が、実にはっきりしていておもしろく、小唄の稽古の後もしばらくお師匠さんのトークを伺う。チャキチャキの江戸っ子。しかも芸者さんでもあり、また父親が有名な幇間《たいこ》でもあった御年喜寿のとてもお元気な方だ。日によってはご自宅での稽古もある。家は見番のすぐ裏にある。その日は「男がようて」があがり、「夏の雨」を教えていただけるとあって、ウキウキしながら歩いていたら、なにげなく裏通りにある店の看板が目に入った。「釜めし　むつみ」。浅草には釜めしの名店が多いが、どうしても鰻、寿司、洋食、焼肉、ラーメンとなってしまう。こざっぱりとした暖簾がかかり、ちょいと中をのぞくと、板さんが手際よく働いている。その様子で「この店、いいかもしれない」と期待が高まる。

小唄の稽古の後、お師匠さんに「むつみ」のことを尋ねると、「あすこはいい店よ。美味しいし、しかも入れ込みで、通しでやっているから」と褒めていた。〝通しで入れ込み〟というのがうれしい。昼と夜の間の休憩時間というのは、お店にとっては仕込みの関係でいったん閉めるのもしょうがないが、ランチタイムの客がひとしきり引いた、込んでいない時間を狙っていきたい客もいる。そんな我儘な私みたいな者にはぴったりだ。

その日は夕方の少々早い時間に伺った。入って左側の壁に背をもたせかけられる場所が、お気に入り。まかないの最中で大皿に盛られた野菜いためを若い板さんが行儀よくカウンターの隅で食べている。「お先にいただきます」とペコリと頭を下げて大盛り

いつも賑わう仲見世商店街。

浅草の料亭、置屋、芸妓の連絡事務所である「浅草見番」。芸者衆の踊りの会や、落語会なども開催されている。

のご飯を頬張っていた。その姿を見ながら生ビールを注文して、どの釜めしにしようかと頭を悩ます。気のきいた一品料理が多い。特に焼きとり。釜めしの名店は、なぜか焼きとりがうまいという法則のようなものがある。しかし、まずは釜めしをどれにするかを決めたい。初めての方は五目をぜひ。しかし季節限定の、牡蠣、竹の子、豆などもある。小柱は前回来たときに遅い時間だったので売り切れていた。今日は大丈夫そうだ。ビールが届いてから、まず釜めしは小柱で。その前に焼きとり、たいこ（鯛の卵を甘辛く煮たもの）、春菊のナムルを注文する。酒好きな方には、たたみいわし、からすみ、冷奴もある。刺身も上等で、しかも本わさというのが泣ける。

　焼酎に変えて、そろそろという頃合いを見計らって、「釜めしを」と声をかける。待つこと二十分。しかし、「三分くらい蒸らしてからお召し上がりください」と釘をさされる。小さな釜の中から蓋をすり抜け、よい香りが漂ってくる。でもここがガマンのしどころ。この蒸らしをちゃんとしないと、お目当てのオコゲができないのである。死ぬほど長い三分間のおあずけのあとは、できるかぎり釜に顔を近づけ蓋をとる。鼻の穴を広げ、香りをかぐ。米と具とだしの旨みをふくんだ湯気がファーと立ち上がる。それからのことは、夢中であまり憶えていない。

　気がつくとカラになった釜とぷっくりした腹をさすり、今度来るときは「あさり」もいいなと、舌なめずりする食いしん坊の私がいた。

鯛の卵を煮た、たいこ。

小柱の釜めし。かつおだし汁で炊き込んであり、風味豊か。ほかにも五目、あさり、海老などのメニューがある。釜めしと一緒に、つみれ汁もおすすめ。

ご主人の中村弘文さんと話が尽きない。

はじめての立ち飲み。

北千住 徳多和良《とくだわら》

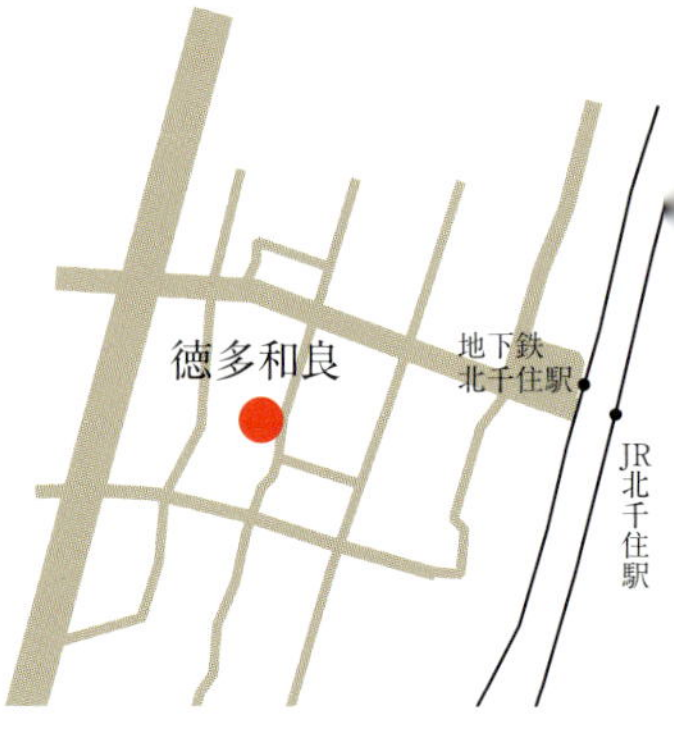

足立区千住2-12 TEL03-3870-7824
16時～21時（売り切れ早じまいあり）
／日月祝休

SETAGAYA

足どりも軽く、つくばエクスプレス「浅草駅」の階段を下りていた。この線に乗るのは、はじめての体験。伺うところによると、この駅ができたお陰で、浅草で遊ぶ人も増えたらしい。浅草は一時、人離れがひどく、さびれた街だという御仁も多く、浅草寺をお参りするのはお年寄りか地方の方ばかり、三社祭だけに人が集まるという時期もあった。ところがここ近年、平日でも結構な人出であるのは嬉しい限り。

浅草演芸ホールで午後三時十五分の高座を務め、目指すは北千住である。浅草からだと二駅で着く。少々運賃は高めであるのと、ホームまでやたら地下にもぐるのをさっ引けば、使い勝手はよい。始発は地下なのだが、南千住から北千住にかけて地上に出る。川を渡ると、町工場の煙突からモクモクと白い煙があがっている。ちょっとした旅気分にひたる。仕事場から家へ戻るほうが近いのだが、ワザワザが荷になるどころか、とても楽しい。しかも、はじめての立ち飲みである。恥ずかしながら世の中は立ち飲みブームらしく、夕刻ともなれば、ネクタイをゆるめたサラリーマン諸氏が生ビールをグビグビやっている姿を目にする。帰りがけの一杯には、立ち飲みは使い勝手がいいのであろうが、どうにも腰をおちつけてゆっくり語りつつ飲むのが好きなのと、ご一緒する先輩方が皆、腰痛持ちなので、座敷や椅子がある居酒屋が多くなる。本日は気ままな一人飲み、初の立ち飲みを心ゆくまで楽しみたい。

さて目指す店は、定期購読している食の雑誌の「せんべろ」特集に出ていた。さてさていかがなものでしょうか、この「せんべろ」という言葉。「千円」で「ベロベロ」になれるから「せんべろ」らしいのですが、このベロベロという音にとても品のなさを感じます。かといって濁りをとって「ヘロヘロ」だと情けないし、千円でたっぷり飲めてベロベロになれればこんなによいことはないのですが、どうしても違和感を覚えます。

そして何軒か紹介されている中で見つけた、北千住の「割烹くずし 徳多和良」。ほかは、ほとんどがモツ焼き、大衆酒場と謳《うた》っている中で、この割烹くずしのネーミングにひっかかった。しかも、紹介文に「包丁が冴えている丁寧な仕事を施した料理」とある。格安の立ち飲みで目にする文字ではない。文章からは筆者の、地元にこういう名店があればいいのに、北千住にお住まいの方がうらやましい、という気持ちが読み手にヒシヒシと伝わってくる。

中でも「青柳《あおやぎ》と芹のぬた」が、気になってしかたがない。というのは、酒の肴も数々あれど、一番のお気に入りは「ぬた」である。塩辛もくさやもいいが、やっぱり「ぬた」である。祖母がよく晩酌で赤貝のヒモや青柳、ときにはマグロをネギと和えて作っていた。子どもの頃、その「ぬた」で黒ビールを飲む祖母の姿がなんとも格好よかった。「泰孝くんも食べるかい」と手のひらにのせてくれて、口に入れた。旨かった。「ぬた」好きな子どもを祖母はおもしろがって、「将来、食通になるよ、いいねェー」と褒められると、よけいに「ぬた」好きになった。

レンタルビデオ屋の角を曲がり、路地に入った。少し心細くなるくらい歩いて、その店の看板が目にとまる。口あけの店内は、キレイに掃除が行き届いていて、凛としていながらも、アットホームな居心地のよさ。「いらっしゃい」。大柄の親方の笑顔がとてもステキである。お客さん用のスペースに比べ、板場がたっぷりととってある。それだけ出す料理に手間をかけているあかし。親方の両手に釘付けになった。大きくもキレイな手である。もうこうなると、メニューを見て、早速注文。目を疑った。ほとんどの品が、三二五～四二〇円である。ちょっとぜいたくして「新子」と「青柳と九条ネギのぬた」（各三二五円）を注文。生ビールは、あっという間に飲み干したので、ウイスキーと梅酒をソーダで割った「徳ハイ」を注文。

さて、おまちかねの「ぬた」が目の前に現れた。すごい。思わず、「御主人！　本当にこのぬた、三二五円でいいんですか」と尋ねてしまった。つづいて「新子」は七切れもついて、しかもいい〆《しめ》具合。銀座の割烹ならば五倍ぐらいの値段はするはず。「松茸の冷やし茶碗蒸し」も考えられないほどのコストパフォーマンス。しかも立ち飲みなのに疲れない。気がつくと、足元に五センチくらいの高さの台がついていて、片足をのせるといい感じ。ついつい長居をしてしまうのは、親方のお話がおもしろいのと、ご家族の皆さんの下町らしい気配りが性に合うからであろう。

「師匠！　マルスのハイボール、飲んでみたら」とすすめられた。巷ではハイボールが流行っているが、ソーダで割るなら、こいつもいけるよとのこと。旨い。本当に旨い。ゴーヤのお浸しも追加で注文。すっかりいい気分になって店を出た。北千住にワザワザ足を運ぶ価値ありの名店である。

さて帰りはＪＲ日暮里駅に出よう。御主人の「師匠、また寄ってよ」という気持ちのよい笑顔がいつまでも心に残った。

「青柳と九条ネギのぬた」（上）、ほどよく〆た「新子」（下）。割烹料理店のような手のこんだ味わい。

絶品！黒豚餃子との遭遇。

神田神保町
神田餃子屋 本店《かんだぎょうざやほんてん》

手前味噌で恐縮だが、我が家の餃子は旨い。合挽き肉とキャベツ、白菜、にらが入る、ごくごくオーソドックスなスタイルであるが、長年の経験のせいか、焦げ目はカリカリ、市販なれど皮はモチモチ、あんもジュワジュワで、おまけにいくら食べても胃もたれしない。完璧である。

しかしどんなに美味しくても、家庭の餃子である。ならばプロの味で納得できるものをと食べ歩いてみたが、さすがだ、すごいなぁーと感心できる餃子に、あまり出合ったことがない。焼き目がはっきりしなかったり、結んだところがタレをつけた途端にほどけたり、油が悪くて胸焼けしたり、どうしたら翌日の昼過ぎまでニンニクの匂いが消えないのかと首をひねりたくなったり、値段の高さにビックリしたり、一見安くて旨いけれど、記憶に残らなかったり……と数え上げればきりがないほど、外餃子に感心したことがない。

そんなぼやきを落語会の打ち上げの席でしていたら、一昨年春（二〇一二年）真打に昇進した春風亭一之輔師匠に「私が落語会をやらしてもらっている神田餃子屋は、旨いですョ」と教えてもらった。確かその店は、グルメ雑誌で見かけたことがあり、一之輔師匠はとてもはっきりした性格なので信頼できる。

それではと、池袋演芸場のトリを務めたあと、打ち上げで先輩や仲間十人ほど、腹ペコの状態でタクシーに分乗し、神田神保町へとかけつけた。件《くだん》の店は路地の奥のほうにあれど、店構えからできる感じがヒシヒシと伝わってきた。旨かった！ いや、バカ旨であった。全員お腹をさすり幸福にひたりながら、おひらきになった。それ以来、この店のファンになった。

餃子に季節はあるのだろうか。中国では正月に食べるといった話も聞いたことがあるが、やはり餃子は春から夏にかけてが一段と美味しい。まずはやっぱり、生ビール。ジュワジュワの熱い旨

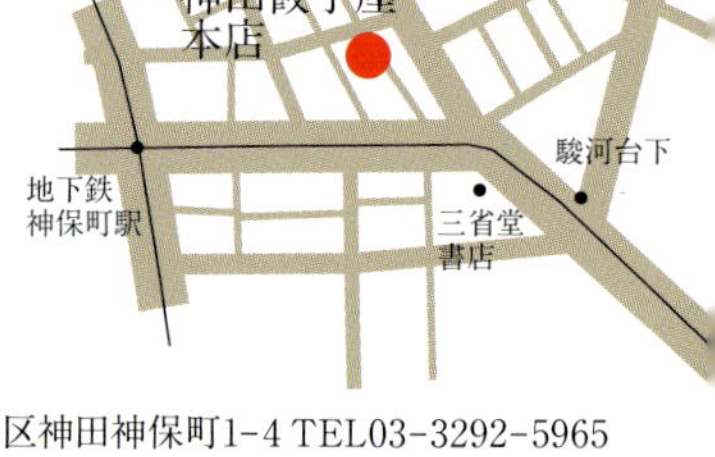

千代田区神田神保町1-4 TEL03-3292-5965
11時～23時（22時30分LO）
土日祝11時30分～20時（19時30分LO）／無休

鍋
神田餃子屋のスイーツ
花椒麻婆豆腐
1090円

味を、生ビールでリセット。次の餃子にまた食らいつく。これの繰り返し。ひたすら繰り返し。

そしてこの店のすごいところは、すべてにおいてパーフェクトであること。まずは通し営業である。四時飲み派にはうれしい。次に餃子である。なんといっても真打は「黒豚餃子」六個で六〇〇円。大ぶりである。豚の旨みには負けないような甘みのあるキャベツのシャキシャキとした食感が見事。約六〇グラム。焼き目はパリッ、皮はモチモチ、中はジューシーの三条件がそろっており、嚙んだときに思わずホッペが落ちた。あまりの旨さにニヤニヤしっぱなし。何人かで行くのがおすすめで、「元祖野菜餃子」や「海老にら餃子」もいい。

餃子といえばタレである。やっぱり下町の心意気はうれしい。餃子を美味しく食べてもらいたいゆえに、タレ用の小皿は何枚使ってもよいとのこと。ご主人のおすすめで、一つは醬油六、お酢三、ラー油一か、「特製からしにんにく味噌」。このにんにく味噌がべら棒に旨い。たとえるならば、酢と醬油の穏やかさが一変する。まるでお奉行さまが桜吹雪の刺青を見せつけるような迫力と深みに平伏する。

次のおすすめは、酢に黒コショウだけ。いろいろな店でいろいろなタレで餃子も数えきれぬほど食べてきたが、この食べ方は初めてである。特に黒豚餃子や海老にら餃子がおすすめで、醬油ベースのタレとはひと味もふた味も違う。ノーメイクの湯上がり美人のサッパリ感のようだ。これも皮やあんが旨くなければ成立しない。後は以前、中国人シェフからおそわった、お酢六、ラー油

上）ジャガイモの絶妙な歯ごたえを残した、ジャガイモと肉のカレー炒め。下）海老にら餃子（6個）。餃子の具ににらとエビ1尾が入る。

人気メニューの黒豚餃子。中の具は冬キャベツの時期は甘みがあり、野菜の切り方も大ぶりなので、シャキシャキした食感が楽しめる。春キャベツはやわらかく、みずみずしい。皮は厚めでモチモチし、焼いた面はパリッとしている。

三、醤油一の、私のスタンダードで食べる。こんな楽しい食べ方ができるのは、私の知っている限り、この店だけだ。

そして酒だが、生ビールを二杯いったら、さて何か違うものにしたい。ご主人のおすすめがバーボンソーダ。I・W・ハーパーを炭酸水で割ったものだ。並の店なら酎ハイかお湯割り、オンザロックと焼酎系で攻めるのが常識。ところが「師匠、黒豚餃子には、バーボンソーダがいいんですョ」とご指南してくれる。

早速注文。合う。しかも濃い目がいい。なんでこんなに濃い目なのか尋ねると、「薄いと腹が立ちませんか」と、そのお答えに拍手。「でも師匠、これ三杯飲むと、きますョ」とのこと。それから何といっても、この店のすごさは餃子以外のメニューが旨いこと。オススメは、「ジャガイモと肉のカレー炒め」。もう文章を書いているだけで胃袋が鳴り始めた。カレー粉、ジャガイモは最強のタッグをくんで肉に絡む。もうやみつきになる。

さっぱりするなら、「ザーサイきゅうり」。浅漬けのきゅうりとザーサイを細切りで和えてある。餃子の相の手には、欠かせない。〆《しめ》はチャーハンにした。理由は「ジャガイモと肉のカレー炒め」の炒め方がとてもよく、この調理人に焼き飯をつくってもらいたかったからだ。これが大当たり。調理場の山田さん。今度から指名で頼むことにする。

大満足で店を出る。炭酸のせいか、ゲップをひとつ。これがいい感じだった。美味しい餃子は、後味もよい。ふらりふらりと御茶ノ水駅に向かった。

神田餃子屋の支店の天鴻餃子房は、神保町界隈を中心に10軒を超える。

「海老フライ　タルタルソース添」をいただく。大きな海老フライが3本。ナイフで切れ目を入れると、サクッといい音がする。ホームメイドのマヨネーズを使用したタルタルソースをかけて。付け合わせのポテトグラタン、にんじんのグラッセ、ブロッコリーも美味。

春はやっぱり、海老フライ！

根岸

香味屋《かみや》

春は、海老フライの季節である。誰が言うでもなく私が勝手に決めたこと。海老フライに季節はないのであろう。調べれば海老の旨味にも四季を通してピークがあり、その頃に獲れた海老は茹でても焼いても旨いはず。ちなみに俳句歳時記には、食用で海の蟹は冬、川は春が旬としてあるが、海老については総索引に見当たらず、私の使っている電子辞書にも海老の旬は記載されていないので、まことに勝手ながら、声高らかに「海老フライは春の食べものだ」と宣言させていただきます。

とはいっても、カキとは違い一年中メニューにあるのだから、無意味なことは承知のうえだ。しかしとんかつは夏、アジフライも夏、カキフライは冬に旨い。ぽっかり暖かくなり、新芽が芽吹き、つくしが顔を出し、芝も緑に色づくと、なぜか海老フライが食べたくなる。しかもタルタルソースをたっぷりのせて。できればとんかつ屋ではなく、洋食屋の品の良い海老フライがいい。

そんな日は、たまのごほうびで近所の香味屋にこっそり出かける。通しの営業なので、ランチの客がひと段落した四時あたりは、絶好の狙い目だ。モダンな店内でゆったりと味わうのは、とてもぜいたく。

海老フライと決めているのに、メニューを眺める。普段はデミグラスソースをたっぷりかけるメンチカツか、トロトロのビーフシチューを注文することが多い。考えてみれば、ポークカツレツもメンチカツも、宝塚でいえば男役だ。海老フライは、そのエレガントな姿や味わいから娘役にあたる気がするなあ……などと揚げ物たちが舞台で踊り、歌うさまを勝手に想像してみた。

ここまでくると、我ながら少々変態じみてきたので、早速海老フライとビールの小瓶をオーダーする。少々値は張るが、それだけの価値がある一皿。しかも一人でコソコソ訪れて食すのが、まるで密会のようで色気がある。もちろんタルタルソースを少々多めにとお願いした。

私はこの店のタルタルソースが好きだ。店によって味のバランスも違うが、こちらのタルタルは王道中の王道。ホームメイドマヨネーズにタマネギ、ボイルドエッグ、パセリ、ピクルス、塩・胡椒で味を調えて、ガムシロップの隠し味。それでいて決して甘みが立ちすぎない。どちらかというとサッパリ仕上げで、後味のキレがよい。

小瓶で喉を潤している間に、カーテンの向こうの柳の枝が風で揺れているのをぼんやり眺める。香味屋は大正十四年創業。私の

台東区根岸3-18-18
TEL03-3873-2116
11時30分～21時
(20時30分LO)／無休

父と同い年だ。場所は地下鉄の入谷駅からもＪＲ鶯谷駅からも少々歩く。決して立地条件は良いとはいえない。しかしそれを差っ引いても行くだけの価値がある。店の前の通りは「柳通り」と呼ばれている。この辺りは昔は花柳界であった。子どものころ、稽古している芸者衆のものと思しき三味線の音が聴こえてきたのを、うっすらと覚えている。往時の面影はもう柳だけになってしまったが、なんとも風情のある通りだ。

「お待たせいたしました」という声で我に返り、海老フライが登場した。一三センチくらいの背筋をピンと伸ばし、きれいな衣に身を包んだフライが三本！　彩る付け合わせは、にんじんのグラッセ（絶妙の甘み）、茹でたブロッコリー（いい塩梅）、そして男爵いもをスライスし、タマネギ、ベーコンなどと共にこんがり焼き上げたポテトグラタン（一度は食す価値あり）が、海老フライに花を添える。

サクサクの衣の下から海老の香りが鼻にプ〜ンと漂ってくる。まずはそのままフォークでグィと刺し、かぶりつく。その身は甘く、ぷりぷりの食感に心も躍る。

二口目はたっぷりのタルタルソース。もうこれでもかとばかりに山盛りにかける。子どもに返ったように、口のまわりにソースがついてもかまわない。なんでこんなに相性がいいのだろう。

二本目の始めは、ウスターソースでいただく。いままでの白を基調としたタルタルソースから、深みのある褐色のドレスに海老フライ姫はお召し替え。これもまた良し。甘みより食材の旨みを引き立てるように、あえて辛味のスパイスが少ないソースにしてある。

しまった！　ビールがなくなったので、「コート・デュ・ローヌ」の白をグラスで注文。あー幸福だな。

小腹が空いているから、ここは〆にカニピラフだ。通常は名物のハヤシライスの出番だが、海老フライの後。しかも午後四時の仕上げには少々重い。そこでカニピラフ。香味屋の隠れた逸品だ。洋食屋のごはんは名店になるほどクオリティーが高い。炊いただけの白飯が旨いのは当然で、自慢のコシヒカリを少々硬めに炊き、絶妙の味付けで仕上げたカニピラフは、十分に旨味を含んだ米粒ひとつひとつが口の中でひと足早く花を咲かせてくれる。

ちょうどいい感じに満足して店を出る。もちろん夜食用のタマゴサンドを土産にしてもらう。ここのタマゴサンドも知る人ぞ知る名物で、どうしてもカツサンドの陰に隠れてしまうが、厳選された食パンに洋食屋のスクランブルエッグがサンドされている。たまのごほうびに足取りも軽く、柳通りを歩く。心地よい風に春を感じる。あー、やっぱり「スプリング・イズ・エビフライ」だなと浮き浮きした気分になった。

芳町花柳界の粋な中華料理。

銀座 日本橋よし町

にほんばしよしちょう

銀座の柳が風に吹かれてユラリ、ユラリ。西銀座通りを新橋方向にぶらり、ぶらりと日航ホテル＊をめざすが、有楽町駅から歩くとけっこう荷になる。新橋駅で降りればよかったと後悔しても後の祭。西日がシャツを汗で湿らせる。額はハンカチでぬぐえども、背中のベトつきは我慢するより仕方なし。「えい！　ままヨ!!」と、江戸っ子の（体は太っているが）やせがまん。少々気取って、銀ブラと決め込む。どうせ店につけば、うまいシューマイと冷えたビールが迎えてくれる。それをたよりにひたすら歩き、ホテルの斜め前のビルの地下へと駆け込んだ。

「日本橋よし町」。銀座にもかかわらずの看板（店名）が気に入った。よし町といえば、柳橋と肩を並べるぐらい、かつて花柳界で栄えていた粋な街。この中華料理店も芳町見番の裏手にあった「大勝軒総本店」がもとになっている。当時は、着物割烹着姿の仲居さんたちが立ち働く風情ある店だった。粋人や芸者衆、近所の人にも愛された名店だったが、昭和六十一年、惜しまれつつも暖簾をおろすことになった。

しかし、小さい頃からこの味に親しんできた現オーナーが、料理長の楢山さんを呼んでここに開店した。創業時、もともと中国人の指導のもと調理していたが、いつしか花街の粋な味に昇華されていった。だから四川でも広東でも上海でもない、〝日本橋よし町〟の味である。それが証拠に、ワインは置いていない。橘流の寄席文字の品書きの札には、ビール、酒、サイダーのみ。酒は菊正宗の一合徳利。「お客さまからは、ワインといわれることもありますが、うちの味は日本酒に合うようにしてありますので」とのこと。

早速、名物のシューマイを注文。三日月形の白無地の皿に真ん

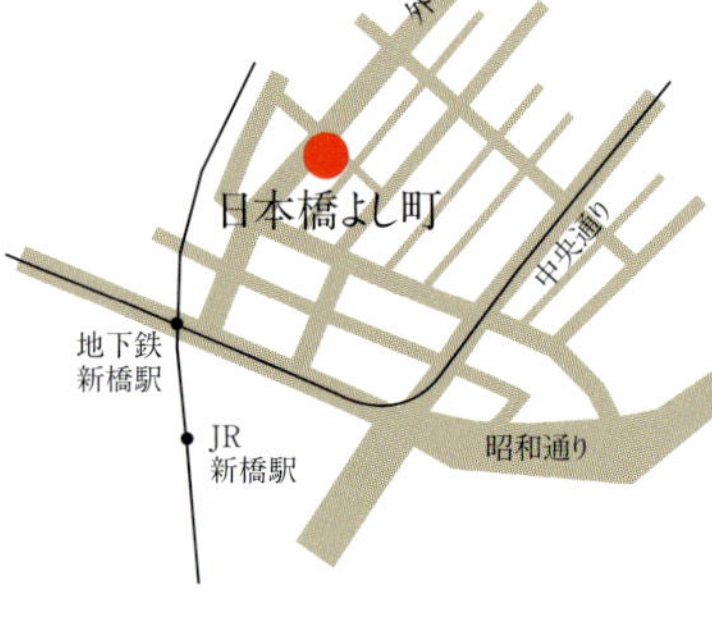

中央区銀座8-4-21 保坂ビル地下1階
TEL03-3573-0557　11時30分～14時（LO）、17時～20時30分（LO）／日祝休

＊2014年閉館。

蟹肉炒飯。大きなカニがたっぷり。胃にもたれない、上品な味付け。小ぶりで色鮮やかなどんぶりは、大勝軒時代に特注で作らせた有田焼。一緒につく「鶏ガラスープ」も滋味深い。

中を千切りキャベツで区切った見た目は湯上がりに浴衣がけのような美人なシューマイが、三つ三つの計六個。芸者衆の着物を汚さないようにとの気配りで、そのままでも美味しい。なんだろう、この旨さは。皮だな、きっと。中の具もいいが、ツルンと舌をすべる。肌理《きめ》細かな肌触りにも似た官能的な快感にうなる。皮も製麺機で手作りとのこと。ひとつはそのまま。次は芥子をつける。最後にはおすすめのウスターソースをちょいがけ。これを繰り返すこと二回。仕切りのキャベツもソースをかけると、よい合いの手だ。冷やで酒を注文。

料理のオーダーに迷っていると、「師匠、芙蓉蟹《フーヨーハイ》（カニ玉）を召し上がりませんか」との言葉。おススメにしたがってみる。カニ玉といえば、昔ながらの甘酢あんかけを想像していたが、「おまちどおさま」と出てきた芙蓉蟹は、塩味の白いあんかけ。まずはアツアツをジュルリとひと口。優美な鶏ガラベースの出汁が心も癒してくれる。江戸切子の粋なグラスで、コップ酒をぐびり。「なるほど！」という言葉が思わず口をつく。この味に寄り添うならば、日本酒がベスト。箸休めのザーサイの塩かげんも抜群。よくビールや酒を中華料理店で頼むと、つき出しにザーサイが出てくることがある。近頃、このザーサイの味かげんで店のよしあしがわかることに気がついた。何気ない漬物だが、塩抜き加減、また店によっては少々味つけするところもある。たったひときれのザーサイにもその店の料簡がわかってしまう。「いい塩梅ですね」と告げる。「たまたま今日は、うまい具合にいきました」と謙遜なさる。この店員のお母さんの笑顔が福顔なのもうれしい。

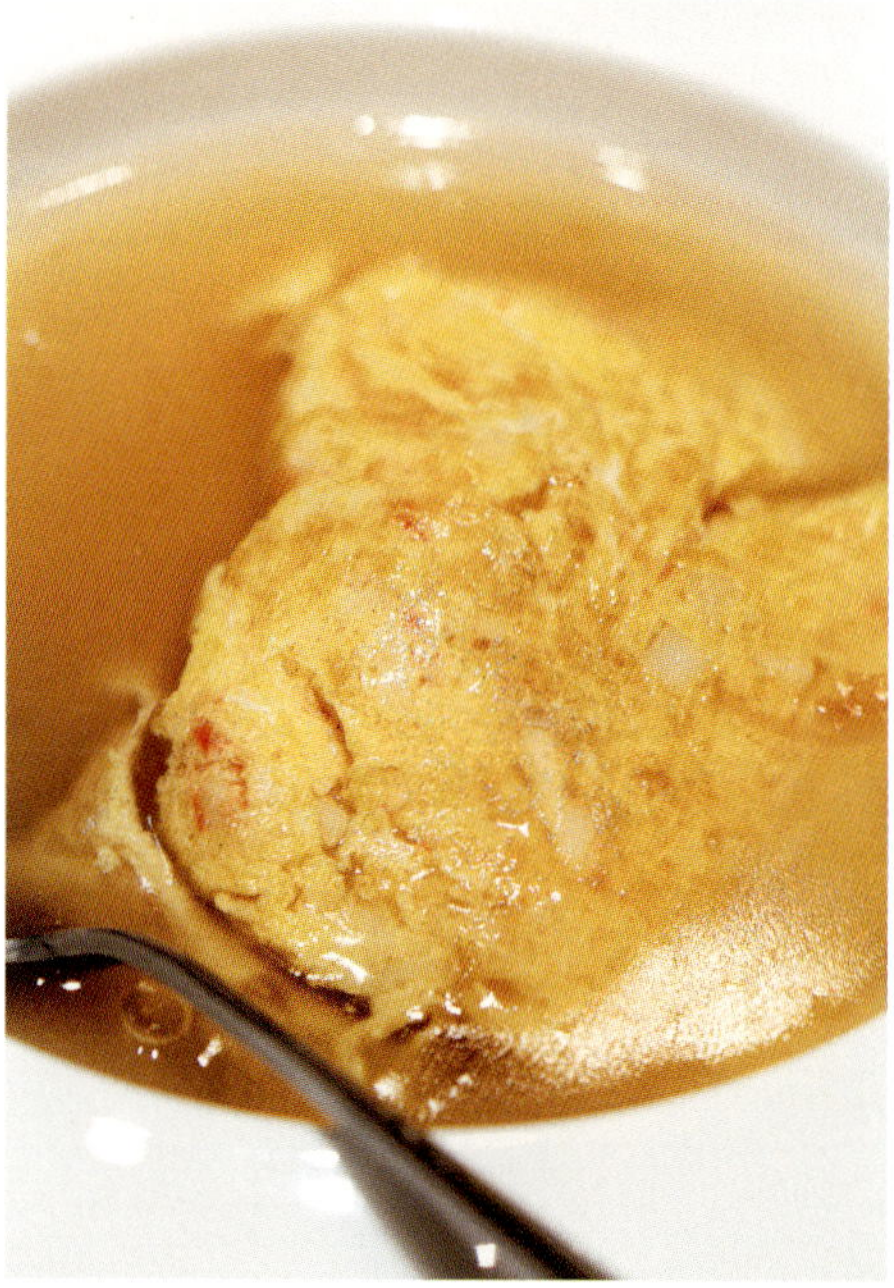

上）皮も製麺機で手作りのシューマイ（6個）。そのまま食べても味わい深い。下）芙蓉蟹（カニ玉）。大ぶりの蟹が入り、鶏ガラベースの塩味の白いあんがかけられる。

仕上げに、ここのご自慢の蟹肉炒飯。グルメな本、雑誌によく取り上げられているのでご存じの方も多いはず。ここは皿ではなく、有田焼の丼で饗する。色鮮やかな丼にタラバとズワイ、二種の蟹をたっぷり使ったアツアツの焼き飯。丼で食するのは、花柳界の近くにあった当時の、着物を汚さない心遣いがシューマイ同様に残っている。とても素敵な丼なので、茶道の器じゃないが、食べつつジロジロ見ていると、昔のものを出してきてくださった。「大勝軒時代、特注で作らせたもので、戦時下では地面に埋めて守ったんです。もう二十個ぐらいしか残ってません」。暖簾と味を守る——、よくぞ残ってくれましたと心の中で拍手。目の前にカニ玉のあんが残っていたので、焼き飯にかけてみる。

即席のあんかけチャーハン。こいつは旨い！　もうべら棒に旨い！　店の方に言うと、「常連さんでもその食べ方を知っているのは、あまりいらっしゃいません」とのこと。鼻の穴が少し膨らむ。白い薄手の蓋付きのスープも透明感があり、ネギではなく、水菜がパラリ。生姜が利いていて、後口もよし。

本物の黒文字（日本橋の老舗「さるや」の楊枝）をくわえて店を出る。どうにも、店を出たあと、夏季限定という「冷やし雲呑《ワンタン》」が気になってしょうがない。夏の銀座のお楽しみがまたひとつ増えたな。フフフと笑い、仕上げのＢＡＲへふらりふらり。蟹の食べすぎで横歩きにならず能楽堂ビルへと向かった。やっぱり銀座は、粋な町だな。

上）肉団子（10個）は、甘酢ソースが添えられ、お好みでかけていただく。下）暖簾は江戸型染作家の小倉充子さんの作品。

初夏、ハイボールの楽しみ。

銀座 ロックフィッシュ

新橋駅から銀座コリドー街を日比谷方向に向かう。土橋の高速入口を左へ折れ、交番の前を通る頃には、初夏の日差しに照らされたタルンタルンの体から汗が流れ出す。早く冷たいハイボールにありつきたい！

急《せ》く気持ちを抑えてコリドー街に入る。改めて時の流れを痛感する。初めてこの通りにある「クール」というバーに飲みに行ったのは、二十五年ほど前のことになろうか。道の両側には、たくさんの画廊があり、それに挟まれるように喫茶店やテーラーがあった。路駐する車もいかにも会社のお偉いさんの供待ちらしきピカピカの黒いセダンが連なり、外に出た運転手さんがハイライトを一服しては、クラブでホステスさんに囲まれている重役をやるせなさそうに待って、時間つぶしをしている。そんな光景が広がっていた。

「クール」という、今はなき名店で初めて飲んだマティーニは、忘れられない。二十歳そこそこの小僧がドアを開けて中に入ると、昭和のよき時代のよき大人がよき酒を飲んでいるその空気感がたまらない。よし、いつの日か気負いこむことなくごく自然にこういういいバーの客になれる、よき大人になろうと心に決めた。

おかげさまで五十近くのいい年の大人になったものの、「クール」がなくなり、コリドー街も様変わりした。その時分からある高級ステーキハウスや割烹店はところどころに残ってはいるものの、低価格で長い行列が絶えない寿司店、各国のエスニック料理、お洒落な立ち飲み、激辛が売りの火鍋店等々。ワキアイアイの気軽な感じで、それはそれで時の流れでしかたないものの、多分私と同じぐらいの年代の店主が、時の流れに逆らうように、あの頃の銀座コリドー街にあったようなキリッとしたよき大人の雰囲気の店をがんばって出してくれているのがとてもうれしい。

本日のお目当ては、「ロックフィッシュ」。たびたびグルメ本な

中央区銀座7-2-14 第26ポールスタービル2階
TEL03-5537-6900
15時～22時（21時30分LO）、
土日祝～18時（17時30分LO）／無休

洋酒関連、ジャズや文学の古本が
並び、ジャズが静かに流れる店内。
左はマスター間口一就さん。

どで紹介されているので、ご存じの方も多いことであろう。ここのハイボールを飲まずしてハイボールを語るなと言った友人もいる。しばらく歩き第26ポールスタービルの階段を上がり、二階のフロアに出る。曲がり曲がりてようやく店のドアに辿りつく。

三時三十分を少しまわったところなのに、ご常連さんがもうグラスを傾けていた。なにしろ会社のひける頃にはもういっぱいで入れないと伺っていたので、午後四時の快楽を前倒ししたにもかかわらず、先を越されるとは。マスターの間口さんは、黒の蝶ネクタイに白いバーコートがとても似合う。

早速、「ハイボールを」と声をかける。ふと棚の一角に目をやると、古い本が並んでおり、相倉久人著の『モダン・ジャズ鑑賞』や、先日、木挽町の古本屋で見つけた『落語的味覚論』なる本がある。また古いマッチも飾られてあり、その中には、銀座「クール」のマッチ箱もあった。BGMはサッチモで、壁に飾られている絵は、柳原良平さんと藤原ヒロユキ氏のもの。センス良いなぁー。

フリーザーから冷えた「角瓶」を出し、冷えたグラスに、冷えたウィルキンソンのソーダを注いで、レモンピールで香りをつける。氷をあえて入れないスタイル。だから最後まで薄まらずにゴク、ゴク、ゴクと喉に通る。シュワシュワ感のつよいウィルキンソンのソーダの泡が、チクチクとよく刺激してくれるので、ほてった体もクールダウンされてゆく。あっという間にグラスが空になる。「もう一杯、同じものを」とおかわり。恐る恐る作り方を尋ねたら、角が一で、ソーダが三の割合だとか。「ご自宅でも簡

上）お客の9割がオーダーするというハイボール。
下）銀座コリドー街。

単にできます」とはおっしゃっていたが、まぁ、できないだろう。グラスの薄さ、クルクルとかき混ぜる手際のよさ。感心していたら、もうグラスが空っぽ。もう一杯と思ったが、あえてジントニックを頼む。やはり冷凍庫からでてきたグラスで、他店では味わえない美味しい一杯になっていた。

もう一つ、お酒以外でおいしいのが缶詰を使ったおつまみなどのフードメニュー。京都・天橋立の竹中のオイルサーディンの油を切って、酒と醤油をたらし、山椒をのせ、火にかけてできあがり。これがめっぽう旨い。ノザキのコンビーフを使ったスコッチ・エッグやコンビーフサンドも缶詰好きにはたまらない一品。仕上げにハイボールでしめて店を出る。

古いビルの二階フロア、角を曲がり曲がりてようやくエレベーターホールに出る。「ロックフィッシュ」の名の由来は、マスターが幼少時代に釣った「カサゴ」からとのこと。岩場の奥まったところに定住する習性があるらしい。なるほど、こんな奥まったところにあるのも間口氏のユーモアとセンスが込められているゆえであろう。

帰りのJRの中吊り広告に、「父の日には、お父さんにハイボールを作ろうかしら」という文句が謳われていた。お父さんは、ウチ飲みもよいが、できることなら、「ロックフィッシュ」で美味しいハイボールを飲みながら、お祝いしてほしいよなと、キレイな女優さんの広告に向かってそっとお願いしてみた。

上)酒、醤油、こしょうで味付けし、山椒の実を添えた「オイルサーディン」。京都の缶詰メーカー・竹中(サンフェース印)のもの。下)挽肉の代わりにコンビーフを使った「スコッチ・エッグ」。

陽射し注ぐ午後は、「奴」でゆるりと。

谷中 一寸亭《ちょっとてい》

酒の肴は「奴《やっこ》」に限る。噺の方では、「奴で一杯」という台詞がたびたび登場する。たしかに耳にも美しい。ただ本音を申せば、串かつやホルモンでしょう、夏は。でも内臓や揚げ物に食らいつくよりは、冷奴で一杯やるのが見た様も涼しげでよい。

本日は昼席の早い出番も終わり、いったん家に戻って少々稽古をし、圓朝祭（落語会）で「操競女学校《みさおくらべおんながっこう》――お里の伝」を近々根多おろしするので、圓朝師匠のお墓参りへと我が家を出て、御隠殿坂を上り、谷中の墓地を通って三崎坂を下り、「全生庵」に向かう。門をくぐると、本堂正面の広々とした階段。ここでたしか落語協会主催の「圓朝まつり」で、（柳家）喜多八兄さんがタカラヅカの衣裳に身をつつみ、「すみれの花咲く頃」を熱唱するとのこと。私は楽しみだが、圓朝師匠や山岡鉄舟先生は、あの世からどのようにご覧になることやら胸がドキドキする。当日は、たくさんのお客様が噺家の屋台や色物さんの出店を楽しみに訪れる。しかし今は境内もシーンと静まり返っている。照りつける夏の陽射しの中、坂道を上り下りしてきたもので、ダラダラと汗がしたたり落ちる。

お墓参りをすませ、このまま来た道をもどればよいのだが、それもせつない。喉もカラカラ、とりあえず午後の四時近くなので、三崎坂を下り、そば屋の角を左に曲がって「よみせ通り」に入る。いいな、このネーミング。名前を聞いただけでブラブラしたくなる。豆腐屋、パン屋、下駄屋、米屋、そしてコーヒー豆の専門店と、今昔入り乱れての並びがおもしろく、それぞれあまりギラギラと主張してこないものの、独自のプライドをもった店舗をのぞくのが楽しい。

谷中銀座商店街を左に曲がる。夕方の早い時間、しかも平日にもかかわらず、たくさんの買物客であふれている。ご近所の方はもちろん、下町散策を楽しむ主婦のグループ、そして近頃多いのが、一人歩きの中年男性。しかも、おしゃれなリュックにウォーキングシューズ、そして地井（武男）さん風のハンチングにソフトジーンズ。ニコニコと歩いているのがおもしろい。きっとリュックの中には、ペットボトルのお茶と文庫本、お土産に買ったせ

台東区谷中3-11-7　TEL03-3823-7990
11時30分～21時30分／火休

んべいや、もしかしたら谷中名物の「メンチカツ」でも入っているのであろう。

　だぁろう麺の店の前を通る。ここは以前、数寄屋橋阪急ビルの地下にあった「はしご」の支店。さくさくに揚がったほんのりカレー味の排骨《パイコー》をつまみにビール。〆は大辛のだんだん麺にお酢を入れてダラダラフーフーと汗をかき麺を手繰ろうかと迷ったが、また次回のお楽しみと通りこした。頭の中に、どうしても「奴で一杯」というフレーズが離れない。たしか日暮里駅前のそばの名店「川むら」も通し営業で気のきいたつまみも揃っている。よし、そば屋で一杯と決めて歩き出してからものの十五分も歩かないうちに、私は心変わりした。「よし！　一寸亭に行こう」と。

　とにかく大好きな店である。理由はひとつ。商店街にあるものの、とてもわかりづらい場所に身を隠すように暖簾が出ている。一見さんがふらっと入らないので、この店のご贔屓には、とてもありがたいことなのだが。人に教える時には駅から歩いて谷中銀座の階段を下り、何本目かの細い路地を左に曲がって左側。この案内で無事にたどりつくのは至難の業。そうそう、たしかお茶屋さんが角にあったが、まさかこの細い路地に下町でも屈指の「街の中華屋さん」があるとは、あまり知られていないのがうれしい。ここの「中華風冷奴」中サイズをつまみに、おかみさんのぬか漬けも注文して、生ビールをグビグビ。……自然と足早になり人をかきわけるように前に進む。通し営業というのがありがたい。いわゆる寄席でいうところの流し込みだ。また四時飲み者にとっては、この三時四時といった隙間をつくのが狙い目で、立て込んでいない店でゆるりと飲むのがいい。

谷中銀座商店街は、歩くほどに楽しい通り。
いつも買物客が絶えない。

谷中霊園近くにある観音寺の築地塀。
江戸時代の面影を色濃く残す。

（上）中華風冷奴（中サイズ）。（下）モヤシソバ。シャキシャキしたモヤシと、コクのある醤油のあんかけスープが絶妙のハーモニーを生んでいる。

だから作法として、あまり手のこんだ注文をしない。夜の仕込みもあるし、店の人に昼時の疲れをゆっくりとってもらおうというのが通人のやることとは思っているが、どうしても「中華風冷奴」だけははずせない。しらがネギをきざむ手間は申し訳ないと思うのだが、まぁそれは許していただき、ツルツルの絹ごしの上にピータン、ザーサイのザク切り、山のような、それこそ山盛りのネギをのせ、醤油、ごま油であっさり味をつける。この味、幾度となく家に帰って試したものの、店の味には到底およばぬ。お一人なら中サイズ。お二人いやもしかしたら三名様でも充分なボリューム。ぬか漬けもたっぷりで、ナスの瑞々しさがたまらん。

しかもここは、「モヤシソバ」がべらぼうに旨い。とろりとしたあんに、ご主人こだわりのモヤシ。というのは、「モヤシソバ」用に、あえて手間をかけてモヤシの長さや形に一本一本こだわっている。その心意気が嬉しい。

でも家は近い。夕飯の支度もしているであろう。ほんのり赤ら顔で「俺、飯食ってきたからいいや」というのは申し訳ないので、これもまた絶品のチキンライスと焼ソバをお土産にしてもらう。これは一杯飲んで帰ったお父さんの言い訳。そういえば昔、父も飲んで帰ると、折詰をお土産にして戻ってきたことを思い出す。帰り道は駅の手前を左へ曲がって五重塔をあとに日陰を歩こう。

教えたくない、貝料理の名店。

根津 かき愼《かきしん》

言問通りを根津から谷中へ上がる坂の途中に「かき愼」はある。小体《こてい》な店構えなので、うっかりすると通りすぎてしまう。本当は誰にも教えずこっそり通おうと思っていたのだが、あまりのよさに意を決して紹介することに決めた。貝好きにはたまらない名店である。以前は貝を売っていた。もともと先代は永代（現在の江東区）で漁師をしていたらしいが、終戦後、リヤカーを引いて露店でカキを売っていた。昭和十八年、たまたま根津の近くに住んでいたおかみさんと所帯をもって、店を構えたそうだ。

「かき愼」の名の通り、ご主人林好和さんのおススメは「カキ」。十月から四月の間、店のメニューにのる。もちろんオフシーズンにも岩ガキの生はあるが、秋から冬にかけての宮城、岩手のものが一番美味しいという。ところが二〇一一年の震災の後は、手に入らずほかのものを使っていた。伺えば伊勢のカキ。なかなかのものらしいが、やはり東北のものが好みで、昨年の後半からぼちぼち入荷があり、もしかしたら今年のシーズンには口にできるかも。やはり生ガキですかと尋ねると、「俺、生ガキが食べられないの」と頭をポリポリ。よく名バーテンダーが一滴も酒が飲めず、実は下戸ということがある。カキの名店の主人が生ガキを食べられないのも不思議な感じがするが、一つ一つ手で剝いてゆくのでカキの良し悪しには絶対の自信をもつ。冷えた白ワインに生ガキもよしだが、カキフライのアツアツにビールもたまらない。

カキ以外で今扱っているのが、アサリ、シジミ、青柳、平貝、小柱等々、ごくごく庶民的な貝が並ぶ。しかし実際に剝いてみて駄目だと思うと、お客さんには出さないと胸を張る心意気に、剝き身を売っていた貝屋の自信の程が窺える。

では刺身では何が、と聞くと「赤貝がいい」と即答。早速、プ

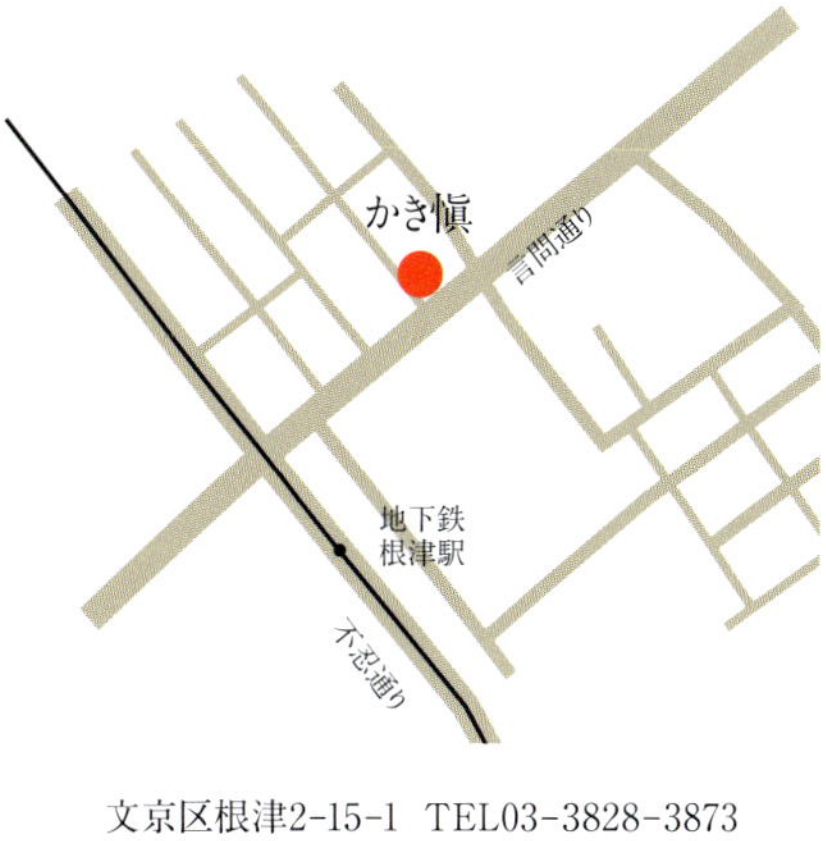

文京区根津2-15-1　TEL03-3828-3873
現在、昼営業はなし、17時〜23時／月休

リプリ、デップリの剥き身が出てくる。まず身の厚さに驚く。この肉付きのよさ、まるで力士のようだ。そして色。濃い赤とだいだいの艶やかなこと。ワサビ醤油をつけずにそのまま口に運ぶ。軽く歯をあてると押し返してくる。ゆっくり噛み締めると、潮の香が鼻に抜け、甘い身の旨みが口の中にまとわりつく。ネットリとして歯ざわりよし、少々、官能的な快感に身悶える。

プリプリした赤貝の刺身。

ワインはトスカーナのビアンコ（白）。ご主人、お酒が飲めないので、代わりに娘さんがこの店のファンであるワイン屋さんと決めている。ぴったりの酸味とキレ。今度は醤油にたっぷりのワサビ。こいつは日本酒がほしい。

それにしても赤貝は旨い。母から聞いた話だが、母の実家は江戸和竿の職人の家で、曾祖父がいまわの際に一言。「あかがいー」と言って息をひきとったらしい。それにしても名人の竿師といわれた人の最期の言葉が「赤貝」である。その血を引いているので赤貝は大好物。身の部分はもちろん、柱のついたヒモも絶品であった。こんなべらぼうに旨いものを食べていたら、他所じゃ食べられなくなる。

「青柳」はぬたにしてもらう。ネギのシャキシャキと貝のヌキュヌキュが酢味噌と混ざり合う幸福。調子に乗って焼き蛤をひとつ。少々お値段は張るものの、出てきた蛤を見て納得。目の前で焼いてもらう。どうせなら自分の好みでなく、食べごろをご主人にみてもらう。焼きすぎず、生すぎずのタイミングで「どうぞ！」の声がかかる。「あっ、ちょっと待って」と今度はおあずけ。厨房から醤油をもってきてポトリ。「そのままもいいけど、これだけ貝のツユがあると、ほんの一滴、落としたほうがいい」とのこと。口の中は蛤の旨みがザブーン、ザブーンと大波小波。しばし身をまかせる。たまのご褒美にこれはありだ。

　まだ立て込んでいないのでご主人としばらく話す。料理については実に謙虚で、味つけ、調理法もごくごくスタンダードだそうだ。しかしどれをとっても絶品なのは、という問いに、「貝のお陰ですヨ。貝が旨けりゃ、それで旨いんですヨ」。

　そうだと、思い出したように「昭和三十四年頃だったかな、浪曲の玉川勝太郎師匠の家がここの裏にあって、そこがたまたま火事で焼けた時、火事見舞いに先代の三平師匠が見えたんです。その頃、うちの店は平屋建てで防火用水があって玄関に縁台が出ていて、うちのおばあちゃんがいつも窓のところにおっかかっていて。帰り際、『お茶を一杯』と勧めたら、わざわざ寄ってくださって『体だけは大事にしてくださいい』と高座と同じことを言って帰っていかれたんですヨ」と語ってくれた。ふとみると、店の入口には古い写真があり、当時の貝屋の姿が偲ばれる。

　ガラス窓の向こうの青果店の路地を子どもたちがワァー、ワァーとかけてゆく。ゆっくりとした下町の夕暮れ時に、とても静かな時間が流れる。

　いい店だなと、この原稿を書きながら、「かき慎」は内緒にしておくべきだったとちょっぴり後悔。貝のように口を閉じていられぬのは落語家の性である。

（ご主人・林好和さんは二〇一四年三月、仕入れの途中で交通事故にあい永眠されました。お店はご長男ご長女にひきつがれ、五月、再開しています）

右）青柳のぬた。上）焼き蛤。ほかに深川飯、ご主人のこだわりで白味噌を使ったアサリの味噌汁もおすすめ。

酒場のダンディズム。

銀座 ビヤホールライオン

銀座の平日の午後四時、昼間の奥様方のショッピングの人混みも一段落。夜の巷の喧噪まで小一時間。まるで美人が欠伸《あくび》でもしているかのような、ちょっぴり気がゆるんでいる銀座。そんな時刻に一杯やりたくなるのも酒飲みだからしょうがない。しかしなんとなく街全体が「支度中」の札を出しているかのようで、赤ら顔でふらつくのはなんとも気がひける。ここはひとつ我慢して銀座を抜け出る腹づもりでいた。

トランペットのグリースを買い、中央通りを三越方面へぶらり、ぶらり。夕刻にもかかわらず、足元からはアスファルトの熱気がジワリジワリと攻めてくるし、ビルの隙間からは夏の残党の西日が、容赦なくジリジリと照りつける。それでなくても暑がりなのに、頭の中に冷えたビールがチラリとよぎる。

ふと気がつくと七丁目のビヤホールライオンの前。できすぎの展開に思わず笑ってしまう。大好きなんです、このビアホール。この店で今までに何リットルの生ビールを飲んだことか。多分二十五メートルプール一杯分は軽くクリアーすることであろう。何しろ、三十年近く通い、少なくても月に二、三回は行く。しかも必ず二リットル以上は飲み干している。だから店の前を通っただけで、ゴクリと喉が鳴った。いや鳴るどころか泣いていた。ふらり吸い込まれそうになったが、今日は我慢と決めたハズ。坊主頭の私は、後ろ髪もないのに、グイグイひかれながら地下鉄銀座駅へと向かう。

ビヤホールライオンから四丁目の交差点まで暑い日は長いの長くないの。長いです、とても。ありがたいことに道中、一杯ひっかけるような酒場もなし。スタスタと階段を下りて、ほっと一息。これで地下鉄に乗り、無事家路へと胸をなでおろす。しかしほてって太った体は、生ビールを熱烈にラブコールする。

「やっぱり飲みたかったな〜」

でも、今さら引き返す訳にもいかず、モヤモヤしている私の目の前に、駅地下のビヤホールライオンがあった。*

中央区銀座7-9-20 1階　TEL03-3571-2591
11時30分〜23時、日祝〜22時30分、
ランチ〜14時／無休

＊ビヤホールライオン銀座五丁目店は現在休業中のため、地図は銀座七丁目店を示した。

東京メトロ銀座線「銀座駅」の改札口を出てすぐに賑やかな入口が見える。創業1911年。現在はビル建替により休業中。2016年夏、竣工予定。

ライオン様、よくまあこんな絶妙な場所にビアホールを構えました。あっぱれ。もはや迷いもなく生ビールの神様に誘われるが如く、エアコンの効いた店内へ。ほぼ満席で早くもサラリーマン諸氏が、ネクタイをゆるめてプハーと鼻の下に泡の髭を生やしている。

　さて、何を注文しましょう。ワクワクドキドキ。ここの五目あんかけ焼きそばはうまい。特に具と麺と味に工夫を凝らしている気配はないものの、とろみあんかけに、からむ麺を生ビールで押し込む快感。半分はそのまま、残りは酢をかけまわす。これもまたよし。ここのランチのカツカレーも旨い。普通に旨い。ただカツカレーだとゲップがきつい。カツの油とカレーのスパイスが逆流する。その点、五目あんかけ焼きそばのゲップは、旨味がもたれず、後味のよいキレのあるゲップになる。

　しかし昼食に、銀座の馬券売場近くの「共楽」のラーメンを食べているので、ここはひとつ飲みに専念するか。中ジョッキを頼む。コクのあるエビスもいいが、サッポロの生。そしてシュリヒテ・シュタインヘイガーを頼む。なんかドイツの鉄棒の得意な体操選手みたいな名前だが、その正体はジンである。酒がもう堪忍してくれと泣きつくぐらいボトルごと冷蔵庫でギンギンに冷やされトロトロになった液体を、上品なグラスで火照った体に流し込む。細胞のひとつひとつがビックリする。「なんだい、このトロツメたい液は！」と思う間もなく、今度は胃袋のあたりがポッポッポッ。冷たいのに温かい妙な気分になったところに、サッポロの生ビールが泡の神輿をワッショイワッショイと威勢よく担いで

上）午後早い時間の銀座の中央通り。買い物客、ビジネスマンなどさまざまな人が行きかう。
下）新しいビルになっても残してほしいこの雰囲気。

喉から流れ込む。まるで祇園祭と三社祭が一緒にやってきたようだ。上質な冷たいジンのゲップには、洗練された甘みがある。この上品なホロ酔いはまさに銀座の四時飲みにぴったりだ。

ただし私もこの飲み方をはじめから知っていた訳ではない。五年ほど前、落語会の打ち合わせで、みんなで夕刻からワイワイ飲んでいた。どこの席もグループで盛り上がっている最中、四人掛けのテーブルに一人の老紳士が、メニューを開くこともなく、「シュタインへイガーと生ビールの小さいの」と注文した。なんだろうと、訳のわからない単語に釘付けになった。追加注文をとりにきた店員さんに小声で、「隣の席の方が飲んでいる透明な液体は?」と尋ねたら「ジン」と答えた。

格好良かった、その飲みっぷり。シュタインへイガーを三口、生ビールも三口で飲み干し、グラスをコンと置いて、背筋を伸ばして颯爽と帰っていった。

それ以来、この組み合わせのとりこになる。美味しい紙カツもウインナーも枝豆もつまみ、ジンと生ビールをクィッと引っかけ、店を出る。まさにそこにはビヤホールライオンにおけるダンディズムがあるような気がした。

ジンと生ビールを飲み終えて、時計をみると午後四時十七分。「もう一杯ずつもらおうかな」と誰に告げるでもなく、小声でつぶやいてからお代わりを頼む。自分の気の弱さをなじりつつも、手をあげて店の人を呼ぶ。

銀座の地下でコソコソと酔っ払ってゆく私には、老紳士のダンディズムの道のりは、はるか彼方にあるような気がした。

上)銀座ライオン伝統の技「一度注ぎ」。注ぎながら泡を作ることで、理想のビールにするという。下)洋食屋さんの味、ことこと煮込んだLIONビーフシチュー。

厚切りのゆでたん、たん焼き、たんしちゅう。

三栄町

たん焼 忍

たんやきしのぶ

新宿末廣亭の楽屋は八畳ほどの広さで、下足を脱ぎ戸を一枚開けると、昔ながらの佇まいをしっかり今に残した、寄席の楽屋の風景が広がる。中央には丸い瀬戸の火鉢が置かれ、噺家が取り囲むように座る。上がってすぐが下座で、右回りに先輩方が陣取り、姿見の大きな鏡を背にできるのは、会長や最高顧問のみ。顔付けによっては、当然、そこは空席になる。

八月上席昼席のトリをつとめているので、初日の打ち上げに先輩方を誘うのだが、どうせ行くなら「こいつ、こんなところを知っているのか」と、喜んでいただけるお店にお連れしたい。本日は、若手の漫才さんを含めて一行八人。前もって予約をしておいたので、準備万端。高座着から私服に着替えて、「お待たせしました」と挨拶をして楽屋を出る。小はん師匠が、「三栄町の『忍』かい?」と下駄をカランコロンと鳴らしてうれしそうに尋ねた。「はい」と答える。何も知らない馬桜兄さんが、「シノブって何屋さん?」と聞いてくる。「いいから、行きゃわかるさ」と小はん師匠がニコニコしてる。

新宿通りに出る。去年は丸ノ内線に乗り、四谷三丁目で降りて十分歩いた。しかも小はん師匠の道案内で。中折れの夏のシャッポに浴衣下駄履きという風情のある背中について、大通りから四谷荒木町の路地をあっち行ったりこっち行ったり。さすがは、もと見番のあった花街だ。芸者衆の姿はなく三味線の音は聴こえずとも、昔のお茶屋や料亭を、そのままバーや創作イタリアンとして営業しているので、「忍」へのアプローチとしては、見事な演出になる。けれど、今年の猛夏はそんなお楽しみを許してくれず、大通りからタクシーで三栄通りに入る。ウカウカしていると見逃してしまう店構えにもかかわらず、もはや開店待ちの人の列ができていた。

三栄町の牛たん料理の名店、「忍」。「きょう、牛たんでも食べ

新宿区三栄町16松啓ビル1階　TEL03-3355-6338
17時～23時50分(23時LO)、土～22時30分(22時LO)／日祝休
お取り寄せの問合せ：0120-806708

厚めにスライスされたゆでたんは、箸で
切れるくらいに柔らかい。山葵をつけて
いただく。酒のつまみとしても美味しい。

よう」と友人や仲間を誘うと、よく見かけるチェーン店の名を口にする。この時点で、ヘソ曲がりな私は、絶対にその輩は連れて行かない。牛たんといえば、焼き、南蛮とうがらし、麦飯、テールスープと頭に植え付けられているのもいたしかたない。それはそれで美味しいが、牛たんの旨さは、「忍」に行かなければ語る資格なしだ。

重い扉を引いて中に入る。女将さんの「お待ちしてましたー」という気風のよい声に心地よく迎えられる。入ってすぐの席へ。少々身を寄せ、膝を突き合わせて座るのがよし。カウンターと奥に座敷もあるが、アツアツが勝負なので、板場の近くがおすすめだ。ここに来たら、女将さんにおまかせ。品、量、タイミング、どれもハズさない。生ビールを注文する。

まずは「ゆでたん」。ここの名物。厚切りのたんは、絶妙な茹で加減。素材の味を生かしていて、山葵《わさび》をつけていただく。以前、新宿で洋食屋をしていた頃、調理場でご主人が一杯やるつまみにして食べてうまかったので、と編みだされた一品。まかないではなく、これが本当のつまみ食い。一人二枚ずつペロリ。初めて「忍」のゆでたんを経験した者は、口をそろえて、「こんなに美味しい、たんの食べ方は知らなかった」と舌を巻く。お連れした私は、鼻の穴がどうだといわんばかりに広がる。テーブルに冷やしナス、枝豆が運ばれてくる。野菜を食べたところで、再び牛たんが登場。

次は「焼き」。アツアツのたん焼きに冷えた芋焼酎がいい組み

上）たん焼き。塩、胡椒のシンプルな味わい。
下）和風デミグラスソースが自慢のたんしちゅう。

合わせ。もう三人前追加する。ここで山芋のポン酢漬けと、ママの手作りのきゅうりのにんにく醤油漬けをはさむ。「師匠、先日は若いもんが騒いですいません」と女将さんが小はん師匠に言った。師匠のお宅が店のすぐ裏にあり、エアコンを使わない師匠は窓を開け放している。すると、目の前がこの店の仕込み場で、庭でワイワイ騒いでいた若い衆に「うるさい」と小言を言ったそうだ。本来ならば怒っているから、絶対に店に行かないはずだが、小言は小言。味は味と筋を通しているのが、師匠の江戸っ子らしさ。つい寄りたくなる、旨いものを出すからしょうがない。

トリは、「たんしちゅう」。ひらがな文字が、ずばり当てはまる。

洋食デミグラスソースを基本に、旨みとコクだけを残して、軽く和のテイストで仕上げているから重くない。ソースは、バゲットにつけてからめとる。シチューの皿は、舐めたようにソース一滴も残さず完食。

仕上げに焼きおにぎりとたんスープ。しっかりいただき、ずいぶん飲んでいるはずなのに、まるでもたれない。もう一枚ゆでたんとしちゅうを追加しておけばよかったなぁと後悔しつつお勘定。表はまだ明るい。四谷三丁目と見附の中間で、左へ行くか、右へ行くか。そうだ、今宵はＪＡＺＺ喫茶「いーぐる」にひっかかって、ウィスキーで仕上げることに決めた。

上）どて煮。たんとこんにゃくを味噌でよく煮込んでいる。
下）表面が醤油で香ばしく焼き上げられた焼きおにぎり。添えられるたんスープは、ゆでたんを作るときに抽出されたもので、旨みがでて味わい深い。

全国選りすぐりの41種類の日本酒が目の前に並ぶカウンター席で。お客の目の前で正一合のお酒が注がれる。

酒が「よう！　くさやじゃないか」と口の中で、
あいさつしているのが聞えてくるようだ。

くさやの香りに誘われて。

八重洲 ふくべ

「師匠、くさやの旨い店があるんですが、くさやは大丈夫ですか?」と「東京人」編集部のYさんが大きな目で、探るように尋ねてきた。そりゃそうだ、くさやの干物はその名の通り、まことにクサい。私が子どもの頃、我家でも御近所でも時折、くさやを焼く匂いが夕刻漂ってきたものだ。開いた新鮮な魚を独特の塩汁(くさや汁)の中に漬けた干物で、家ではムロアジの焼きたてをむしってサァーとしょう油をかけて食べていた。酒の肴だから父の晩酌用に焼くのだが、脇からつまみ食いをして母によく叱られた。小言を言っているのにもかかわらず「子どものくせにくさやが好きなんて、やっぱり江戸っ子だね」と言って目を細めていた。祖母はくさやをお茶漬けにして食べていた。「くさやとカクヤのコウコが食べられない人はかわいそうだね」とこぼしていたのを思い出す。

　ところが、近頃、久しくくさやを食べていない。家で焼くこともないし、ごくたまにビン詰めを頂き、それなりに旨いが、上品な匂いで少々固い。やはりあの鼻が曲り息ができないくらいの、人によっては悪臭とさえののしられるぐらいのくさやの干物で燗酒を無性に飲みたくなった。

　店に向かったのは夕刻四時すぎ。まだ昼間といってもいいぐらい、お日さまがカンカンに照りつける。日本橋の地下鉄B5出口を探し、表に出る。地図を頼りに郵便局を曲り八重洲方面に向かう。なにしろ身近にサラリーマンがいないので、ビルとビルの谷間に広がる飲食店を見ていると飽きない。日本橋一帯も近代化や再開発が進み、カタカナ名前の最新超高層ビルが増えたものの、そこに働く諸氏の胃袋を満たすのは、小ギレイなカフェやトラットリアよりも、牛丼、うどん、立ち食いそばのチェーン店が多い。そしてさすが日本橋だけに、昔ながらの中華、鰻、和食、洋食の老舗が頑張って暖簾をだしている。おでんの「お多幸」もあり、

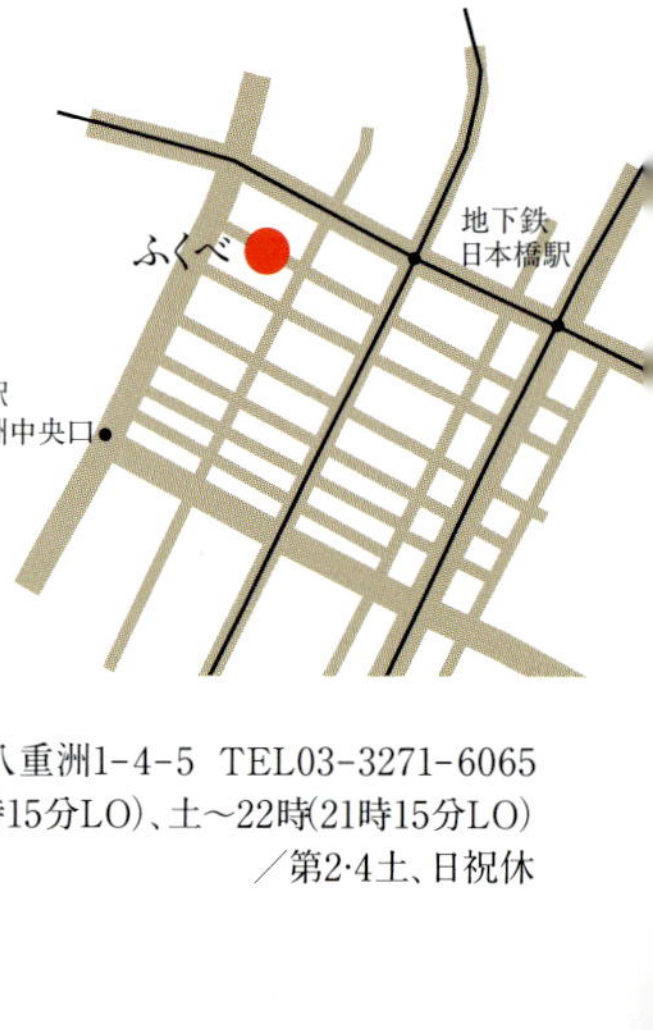

中央区八重洲1-4-5　TEL03-3271-6065
平日16時30分～23時(22時15分LO)、土～22時(21時15分LO)
／第2･4土、日祝休

豆腐のぶっかけ飯も未だ食したことがなく、場所が知れたので今度寄ってみようとぶらりぶらりと歩く。

開店二分前にお目当ての八重洲「ふくべ」に到着。店の暖簾をくぐると、するりと三代目金馬師匠の「居酒屋」の名調子の中に身をゆだねるようなとても素敵な佇まいだ。ヒノキ一枚のカウンター十席と右奥にはどうやらテーブル席があるようだ。創業は昭和十四年。今では先代の跡をついだ御主人が燗をつけてくれる。酒飲みが見たらヨダレがでそうな日本酒の品揃えで四十種類以上あり、地方出身の方が故郷の水と米で造った酒を飲んで明日の活力にしてもらいたいという御主人の心配り。先代は一滴も飲めなかったと聞いて驚いたが、今の御主人はもと銀行員だと聞いてまたびっくり。

「さて何にしましょうか」「はじめてなので、ぬる燗でおまかせ」と伝えると「では菊正宗の樽にしましょう。師匠、きょう口開けですョ」。なんとラッキーなことでしょう。沸騰したお湯の中に、一合徳利をつけ、気泡があがってくるとクルリクルリと何回か回す。これはその日その時によって違うとのこと、よせばいいのに「燗は勘ですね」と小声でつぶやく私。くすりと笑顔の御主人。いい人だ。

じきに酒が目の前に。またこの徳利が粋なもので四年ごしで捜しあてた特注品、白地に「ふくべ」の文字と瓢箪の柄のみというのが洒落物。ごつごつの焼物で出す店もあるがぬる燗のぬくもりが手にやさしく伝わるのが嬉しい。旨い絶妙な燗のつけぐあい。

もうひと口飲んでからお品書きを見る。ずらりと並んだ肴はどれも酒飲みにはたまらない品ばかり。お目当ての「くさや」は、上から二番目。お値段六〇〇円。どうやらこのくさや目当ての御常連も多く、開店と同時に入ってくるお客様のほとんどが注文し

創業は昭和14年。2代目店主・北島正雄さんの父親の代から、八重洲の地で店を続けている。

日本橋駅A7出口から徒歩2分、B5出口から徒歩5分、東京駅八重洲口徒歩5分程度。

ていた。奥の調理場からかすかに漂ってくる、まごうかたなき「くさや」の香り。「おまちどおさま」。充分に量があり、しかもふっくらと焼けている。なかなかこうはいかない。食すと香りが体中に広がる。これが解らない人がかわいそうだ。しばらく口の中で楽しんでから酒を飲む。酒が「よう！　くさやじゃないか」と口の中で、あいさつしているのが聞えてくるようだ。「たたみ鰯もうるめもいいが、やっぱりお前に岡惚れだ」と勝手に酒のこころもちになるのもおもしろい。

あとは、素敵なおかみさんのおススメで塩らっきょうと、たらこのちょい焼き。たまらない。このちょい焼きというのが酒飲みのツボをちゃんと心得ている。ついつい酒が進む。えい、塩分だのコレステロールだの今日は考えないぞ！　心ゆくまで酒を楽しむという前向きな酒飲み心でさらにもう一合。「それでは」と出羽桜の純米一耕を傾ける。

隣の隣の席のお客さんが「今日はゆで卵だよね。一つちょうだい」。どうやら曜日別の日替り限定メニューがあるようだ。意外とゆで卵を軽く腹におさめおいてゆっくり酒を飲むのもいいと、楽屋で先輩がいっていたのを思い出す。他の曜日は何があるのかしら。つくづく「ふくべ」の常連になってみたいなぁと思わずにはいられない名店だ。

「ふくべから沸いて出る酒　金の色」

初代主人の句を口ずさみ、店をでた。

上）くさやは御主人が築地から仕入れている。お銚子は菊正宗の樽酒。下）しめ鯖。

北千住の逸品、沁みる肉とうふ。

北千住

大はし《おおはし》

読者の方から、声をかけていただく機会が多くなった。居酒屋でたまたま隣り合わせたり、駅のホームやデパ地下、いきつけのバーなどなど。「『東京人』の連載、読んでますヨ」と言ってもらうのは、誠にうれしい。近頃多くなったのは「正蔵さん、どこそこの何々という店、知っている？　そこは酒も揃っているし、肴も旨い」と情報を教えてもらうこと。

ときには「なんであの店を取りあげないのか」というお小言も頂戴する。特に多かったのが、北千住の名店「大はし」だ。この店はファンが多く、しかも「あそこはいいヨ」とうれしそうに皆が語る。本来ならば、大事な店こそ取り上げないでくれ、という方も多いはずなのに、「大はし」に限り、行かなきゃ駄目と尻をたたかれた。あまたの情報誌やグルメのランキング本では、常にトップの座にある名店中の名店である。自宅や寄席からも電車ですぐ行ける北千住という場所にもかかわらず、恥ずかしながらうかがったことがなかった。混んでいるだろうし、別に今さらご紹介しなくても皆さんご存じのはずと、ついつい足が遠のいてしまった。編集部と次号の打ち合わせになり、「『大はし』に行きませんか」と持ちかけられた。

ふと思い出したのが、私と同じ塾に通っていた同級生の神野くんのこと。家が確か北千住の「大はし」で、跡を立派に継いでいるという風の便りを耳にしていた。「そうしましょう」ということで、五月の中旬、開店の四時半を目指した。

口開けに飛び込もうとしていたが、国立演芸場からのメトロの乗り継ぎが悪く、五時ちょっと過ぎに到着。店内は平日の夕刻、浅い時間にもかかわらず、すでにいっぱいのお客さんで埋まっていた。二十人程度座れるカウンターと五卓のテーブル。大人数で

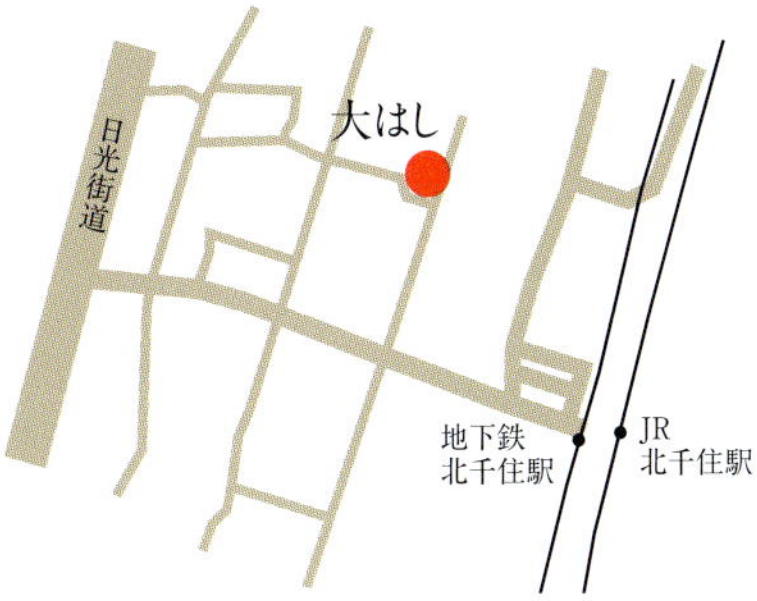

足立区千住3-46　TEL03-3881-6050
16時30分～22時30分（22時LO）／土日祝休

ワイワイというよりは、ほとんどが一人客か二人連れ。しかもうれしそうに食し、飲み、「大はし」を心から楽しんでいる。壁には品書きの短冊が所狭しと貼ってあり、どれも旨そうで迷う。「海老名くん、よく来たね」と、神野くんが注文を取りに来た。「はじめてなので、どうしたらいい？」とあべこべに尋ねると、「名物の〝肉とうふ〟から」とすすめられる。生ビールをチビチビ飲みながら、突き出しの煮込みの汁で煮た葱をつまむ。千住は葱の本場。ご挨拶代わりの突き出しだ。

店内の様子を眺める。とにかくとても気分がよい。注文を取り、調理場からあがる肴をきびきびと運び、片付けるのが当代と跡継ぎの神野くんの二人。一瞬たりとも止まることなく、まるで独楽鼠のごとく働いている。友人がいい仕事をしているのを眺めているのは、とても心持ちのよいことだ。

「おまちどおさま」と目の前の肉とうふ。店に貼られた画家の伊藤晴雨の歌「名物にうまいものあり北千住、牛のにこみでわたる大橋」が目に入る。終戦後に三代目が考案したメニューで、以来、その汁を注ぎ足す。牛の肩ロースとスジを使用。煮込みに煮込まれた肉は、口の中でホロリと崩れる。もともとは牛肉専門店であったようで、よくあるモツ煮込みとは一線を画する。優しさと滋味があふれる旨さだ。煮込みに添うように出てくる、いい色に染み込んだ豆腐が旨くてたまらない。

するとビールが空になったので、次に何を飲もうか迷った。この煮込みなら日本酒でも焼酎でもどちらもいけそうだ。困ったときの友頼み。どうしようかともちかけると、「まかせて」と言ってセットしてくれたのが、焼酎の梅シロップ炭酸割り。氷と炭酸、

名物「牛にこみ」の鍋の前で、4代目の神野彦二さん。今年86歳。店先や店内にある、〝千住で二番　大橋〟という言葉を兄と考案した。「一番はお客さま」という。

メニューは50品程度で、ほぼ500円以下というのがうれしい。
店内は20人程度座れるカウンター席と、5卓のテーブル席。

レモンスライスの入ったコップが目の前に置かれた。お恥ずかしいことにどうしてよいのやらわからずにまごついていると、わざわざ梅シロップ割りの作り方を伝授してくれた。

まずレモンスライスの入ったグラスに氷を五個。グラスの六分目まで焼酎を入れて、そこへ炭酸を三分ぐらい。六・三・一が黄金率らしい。シロップと聞いたので甘いのかなと思っていたが、さにあらず、飲み口がとてもよい。すいすいいってしまう。煮込みとの相性も、辛めよりもうっすら甘めの同系の合わせだから、飽きがこない。気がついたら三杯飲み終わっていて、甘い罠にはまりはじめたことに気がつく。

続いて自家製カニクリームコロッケ。クリームコロッケは酒飲みが大手を振って頼みづらい一品だが、ここの常連さんからの支持率は高い。俵形のかわいらしいコロッケは、サクサクの衣の中からアツアツのベシャメルソースがトロリと広がる。「あっちっち」と梅シロップ割りで冷ますものの、カニクリームの旨みはしっかりと残っていた。一見何気ない一品だが、かなりの工夫と手間をかけた跡が垣間見られた。

とにかく「大はし」を楽しんでいる間中、次から次へと客が入ってては出てゆく。小一時間で酔いも腹も大満足。お勘定をすまして外へ出ようとすると、同級生の神野くんが「また来なよ」と声をかけてくれた。

持つべきものはよき友とよき酒場だと、夏の匂いのする風に吹かれて表に出た。気持ちいいなぁー。

上）肉とうふ。肉のみの牛にこみもある。牛肉はスジと肩ロースを使用。ベースは醤油味。豆腐は木綿を使用。焼酎ボトル（梅シロップ、氷つき）。下）自家製カニクリームコロッケ（2個）。

アツアツの唐揚、最高！

立石 鳥房《とりふさ》

暑い！　それにしても暑い！

しかしどういうわけか、新宿の末廣亭も池袋演芸場も、昼席にもかかわらず客席はほぼ満席。楽屋入りした噺家が皆驚く。「なんでこの暑い日に、寄席に来るんだろう。そりゃ、ありがたいけど、高座がなけりゃ、俺なんか外へ出ないヨ、こんな日は！」と、ステテコ一枚、ハンドタオルで汗を拭き拭きこぼしている。すると先輩が、「いや家にいるよりも、寄席に来ているほうが、エアコン代が浮くんじゃないか！」「それだったら、図書館とか銀行の待ち合いがいいヨ。入場料、取られないし」と、どうもせちがらい話になりがち。

ここで前座さんが「席亭からの差し入れのスポーツドリンクが冷えていますが、いかがでしょう」と、お伺いをたてる。自転車で寄席に通う噺家も多いので、こいつはありがたいと、ほとんどの芸人が飲むのだが、先輩のお師匠さんは、「私しゃ、いらない」と断る。「師匠、熱中症予防には、ただの水とかお茶よりスポーツドリンクのほうがいいらしいですヨ」とすすめてみても、「いいよ！　俺はスポーツしないから」と、変な理屈をこねるのがおもしろい。

高座を終えて、汗ダラダラの私も冷えた飲み物を前座がすすめてくれたが、「今日、いいや」と断る。なぜならば、今日は立石の「鳥房」に行く日だから。ここ四、五年前から、京成押上線の「立石」で飲むというのが流行っている。私も何度か「正蔵さん、立石には行った？」と尋ねられたことがある。「いや、一度もありません」と答えると、「四時飲み好きなら、立石へ行かないとダメ！　そんなことじゃ、四時飲みさんたちに笑われちゃうヨ」と小言をくったことさえある。

葛飾区立石7-1-3　TEL03-3697-7025
精肉店14時30分～、居酒屋16時～21時、
日祝は、精肉店12時～、居酒屋15時～20時30分／火休

立石駅通り商店会

ふらりふらりと何軒かおもしろい店をまわるのもよいが、信用のおける食べ飲み芸人に聞くと、「立石に行くなら、まず最初に腹をすかして『鳥房』で唐揚、ぽんずさしなど、たらふく食す。この一店にしぼって行くがよい」と告げてくれた。

日暮里で京成本線に乗り換える。地下鉄やJRはよく利用するが、ほとんど京成線に縁がなく、路線図を確認して、各停でまず「青砥」に出る。途中に「堀切菖蒲園」とか、「お花茶屋」。なんと味わいのある駅名だこと。××一丁目とか、△△前より、よっぽどましだ。「立石」に行くには、「青砥」から「押上」方面の電車に乗り換えて一駅。下のホームの一番線に移るが、停車している電車の行き先が神奈川の「三崎口」になっている。そうか、京成と京急は、都営浅草線で結ばれているのか。いつの間にこうなっていたのやら、下町に住みながらも普段利用しない私鉄にうとい自分に苛立つ。

「立石」の地に店を構えておよそ60年。3代目のご主人水澤昭さんと、息子の敦至さん（写真）が、通りに面した厨房の大鍋で鳥を揚げる。

でも、こんな緊張感もちょっとした旅気分と思えば、楽しい。そりゃそのはず、もう少しで「鳥房」へ着く。京成立石の駅を降りたのは、三時五十分を少々過ぎた頃。地図を頼りに行こうと思ったが、階段を下りると、踏切のあたりからなんとも香ばしい匂いが漂ってくる。通りに面した店は、鳥肉の販売店で、その角を曲がると、風情のある昔ながらのガラス戸に「鳥房」の看板。早くもサラリーマンらしき男性が二人。

「どうぞ」と声をかけられて店内へ。カウンター六席、入れ込みの座敷には二十五人は入ろうか。つまり、三十人でいっぱいになる。目のクリッとした、歯切れのよいご婦人が、注文を取りに来る。はじめてきたことを告げる。この方にまかせておけば、何の不都合もない頼もしさを感じた。「じゃ、若鳥唐揚。あとは、ぽんずさしかしら」と教えてもらう。「ではそれで」とかかっている品書きを見る。鶏料理が五、六品と、おしんこ、それにドリンクのみ。しかも焼酎類がない。なんでも店が小体《こてい》なので、スペー

京成立石駅を降りて南側にある、立石仲見世商店街。ここにも昔ながらの落ち着いた居酒屋が連なる。

スがないから扱わないとのこと。ビールは大瓶。唐揚が揚がるまで、まちきれずグビグビやる。プッハーッ。楽屋でスポーツドリンクを飲まなくてよかった。

今一度、品書きの木札を見ると、若鳥唐揚は「時価」となっている。時価は怖い！　何度もお勘定の時になって冷や汗をかいたことがある。「あのー、時価とはどれくらいですか」とこっそり聞く。「安心してよ、今日は六〇〇円か六五〇円だから」。その答えでホッとする。カウンターの前の暖簾から、ご主人が「唐揚、あがり〜」とアツアツの鳥の半身をまるごとパリパリに揚げた唐揚が、千切りキャベツをしかれて登場。「冷めないうちに」とすすめられたが、どう食していいのか迷っていると、「さばいてあげましょうか」と割り箸を使ってネック、軟骨、手羽、ムネ、モモと、実にあざやかにバラバラにしてくれた。特にネックは冷めないうちに口の中に放り込む。旨い！　もう手がとまらない。どの部位も、それぞれ皮めはパリパリ、肉はジュルジュルと汁があふれる。つまり鳥の旨さをすべて食せる、味わえるのだ。

ぽんずさしは、ムネ肉をさっと湯がいてスライスしたものに、ネギと鷹の爪がたっぷりのっている。この薬味は唐揚にのせて食すのが通の食べ方というのも教えてもらう。途中からワインを冷酒グラスで飲む。鳥サラダも追加。鳥のささみに、湯がいたネギときゅうりをマヨネーズで和えたもの。旨い！　まるでビストロで出されるような一品だ。もっともっと「鳥房」について書きたいが、スペースがない！　あー！　とにかく早い時間に行く価値あり！

上）皮はパリパリ、中はやわらかくジューシーな「若鳥唐揚」。値段は日によって異なり、大きさを選べる。
下）「ぽんずさし」。

対談

ここは極楽、二人酒。

赤羽 まるます家総本店

「平松さん、四時から飲めるいい店、教えてください!」
正蔵師匠からのリクエストに応え、
食文化に詳しい平松洋子さんが選んだお店は、
赤羽の「まるます家」。
待ち合わせは、もちろん、まだ日の明るい
四時になろうというとき、一階のカウンターで。

北区赤羽1-17-7
TEL03-3902-5614
9時～21時30分/月休(月祝のときは翌日休)

ワクワク、ソワソワ、
うれしい酒場との遭遇。

正蔵 きょうは、無理言ってすいません。平松さんの食のエッセイが大好きで。その平松さんが選ばれたお店ということで、楽しみにして来ました。

平松 正蔵師匠から「四時から飲める、いい店を教えてください」と言われたとき、まっさきに思い浮かんだのは、ここ、赤羽の「まるます家」だったんですよ。

正蔵 へえ……。まだ四時なのに一階カウンター席は満席ですね。

――お飲み物、何になさいます?

正蔵 平松さんは、何を飲まれますか。

平松 じゃあ、ジャン酎モヒートを。このお店の創業者の孫娘さんのオリジナルで、今や大人気。赤羽の味です。

正蔵 じゃあ僕も同じものをください。初めてのお店は、何を頼もうか迷ってソワソワします。「まるます家」のおすすめは、何ですか。

平松 そうですね、鯉のあらいは美味しいですよ。あとは、鰻カルシウム。メンチカツもいただきましょうか。

――ジャン酎モヒートでーす!

正蔵 これが、ジャン酎モヒート!

平松 その名を聞いた常連のおじいちゃんたちも、最初はなんだそりゃ?って(笑)。モヒートはふつうラムベースですが、これはプレーンのハイリキ(ジャンボ酎ハイ）にライムを搾り、ミントを入れていただきます。軽やかですっきりとした飲み心地がすばらしい。

正蔵 ちょっとおしゃれなタイやベトナム料理屋で出合えそうなお酒ですね。

……やられたなぁ。連載「四時からの悦楽」をはじめて約三年経ちますが、赤羽を紹介するのは初めてなんです。（林家）ペー兄貴の地元ですし、いいところだとは聞いていて。それで、平松さんが〝四時飲み〟に選んでくださったのが、赤羽！ すごくうれしいのと、知らなくて悔しいのが、ちょうどないまぜになったような気持ちです。このお店は、どうやって見つけられたんですか。

平松 私も友人に紹介されて来たんですよ。「天国みたいなところがあるよ」って。

正蔵 天国みたいな？

平松 はい。きっとわかっていただけるはず。わたし、初めてこの店に来たとき、ちょっと並んで順番を待っていたんですけれど、このコの字形のカウンターに座っているお客さんみんなの頭の上に、〝天使の輪〟が見えたんです。

正蔵 え、天使の輪？

平松 そう、幸せの。

正蔵 ほんとだ！ いつの間にか僕たちにも。それから、天国とおっしゃいましたが、いい〝気〟が流れていますよね。うさをはらそうとか、そういう淀んだ酒場の空気とは違います。

平松 そうでしょう！ 透明感に溢れていますよね。この軽やかな空気はいつ来てもかわらない。でも、特に説明することではないし、わかる人と共有できればうれしい。それをすぐに察知してくださって感激です。ここの素敵さは、ほかのエリアじゃ、ちょっとかなわない。

正蔵 落語なら、いきなり志ん朝師匠の「三枚起請」を聴いちゃった感じでしょうか。

鯉のあらいも、新鮮で美味しいですね。酢味噌もいい味加減。

平松 ずらりと壁に並んだメニューを右から読んで、左からまた読んで、豚角煮のとなりにサバの味噌煮があるなあ。水餃子もいいなぁ……なんて。

正蔵 なるほど。でも、スタンスはしっかりしていますよね。鯉とか鰻とか、赤羽という、らしさがある。角煮と唐揚げが韓国のりや辛口チョリソーがあっても、浮かないですもん。ちゃんとおさまるのは店の力のような気がします。

平松 牛筋煮込みのとなりに、すっぽん鍋があります。七百五十円ですよ。鰻の骨を揚げた〝カルシウム〟、いかがですか。お酒のつまみにおすすめです。

正蔵 いいですねぇ。ご機嫌だなぁ……。すみませーん、ジャン酎モヒートのおかわりくださーい。

この空気の軽やかさ、居心地のよさの秘密は。

正蔵 それにしても、お客さんで賑わっていますね。

平松 まるます家は、朝九時からの通し営業なんですよ。

正蔵 九時から!? 早いですね。

平松 ご家族で店をやっているのですが、初代が、「おれは朝から酒が飲みてぇ」のひと言ではじまった（笑）。創業は昭和二十五年。そのころから朝の営業時間は変わっていないといいます。

この近くは工場も多くて、夜勤の方もいらっしゃる。だから朝の九時、十時のお客もサボっているんじゃなくて、立派にひと仕事を終えられてひと息ついている時間なんですよね。だいたい平日のお昼くらいから込み合ってきて、夜までこんな感じです。

正蔵　これまで赤羽は、飲みに行くエリアには入っていなかったんです。仕事場と自宅の間にあれば途中で寄るということもありますが、こちらには寄席があるわけではなく、わざわざ足を延ばして行くことは少なかった。赤羽って、どんな町なんですか。

平松　この店の心地よさにもつながりますが、町全体が、他所《よそ》からくる人を受け入れ、開かれている空気がありますね。それは赤羽の歴史に関係があるように思います。実は、東京都から認可された商店街の第一号が、闇市に端を発する赤羽の商店街だったんですよ。強制疎開から戻ってきた人が、とにかくみんなでがんばろうよと復興のために昭和二十二年ごろバラック建ての商店街を結成するんですが、それが商店街の大本になります。昭和三十年代になると、京浜線、高崎線、山手線など乗り入れている各線によって、北関東からの買い出し組の流れができ、交流の要衝になっていきました。

正蔵　なるほど。開かれている空気があるとは、確かにそうですね。浅草や上野は、敷居が低いようで、ちょっとしたものがあります。懐の広さといえば、ここもそうだし、北千住にも感じます。

平松　北千住も街道沿いの町だから、人の往来に対して町自体があらかじめ開かれていますよね。

あと赤羽が好きなのは、町やお店が、訪れた人に何かを要求してこないところ。うちではこうやってくれ、という、無言のプレッシャーがない。「まるます家」にしても、見事にそれがなくて、あくまでも大らか。お客はみんな横並びで、常連さんも一見さんも関係ないというところも素敵です。

正蔵　若い者だろうがおじさんだろうが、一人だろうがグループだろうが、みんなが肩を並べる〝平場〟の感じ、いいですね。

それと、そこに「おひとり様、三本まで」って貼り紙にあるでしょう。よく「お銚子三本まで」ってありますよ。でもこれ、ボトル一本一リットルだから、三リットルなんてふつう飲めない（笑）。硬いのと軟らかいのと両方あって。

土地ならではの川魚のようなメニューがありながら、このジャン酎モヒートのような新しい風通しのよさもありますね。いい落語の条件と共通するものを感じます。時代に合わせ、革新させるものもあり、守るものは守る、という。

平松　二階のお座敷も落ち着きますよ。お座敷なら子ども連れでも大人がゆっくり楽しむことができて、地元の方や団体の方がよく集っていらっしゃいます。

正蔵　なんか笑っちゃいますよね。生きながらにして、この世の極楽に、みんなが遊んでいる感じがしてきました。

平松　ほんとうに。こうやって飲んでいる

木造モルタル2階建てのまるます家。1階は入れ込み式のカウンター席、2階はお座敷になっている。2階は予約可。1階には鰻の販売ブースもある。左）鰻骨をよく洗い乾燥させたものを揚げ、調味したカルシウム、モロキュウ、しらすおろし。奥は、まるます家オリジナル「チューハイモヒート」。

と、みんなでいっしょに、お風呂に入っているように思えてきませんか。

正蔵　は〜、この居心地のよさとほろ酔いで、心も体もぽかぽかして、いい気分です。いい店、知っちゃったなぁ。これからは「(わざわざ)赤羽に行ってきます」って、通ってしまいそうです。

平松　危険ですよ。それで一階カウンターに座ると……。

正蔵　〝天使の輪〟を載せてもらえる。

　とっぷりと日も暮れていないし、(時計を見て)えっ、まだ〝五時〟ですよ。

平松　こういうゆったりとした時間が過ごせるのも四時飲みの醍醐味ですね。ハシゴ酒も楽しくて。じゃあもう少し、この町を歩いてみましょうか。

正蔵　ご案内、お願いします!

ちょっと早めが美味しい。四時飲みの調味料。

正蔵　平松さんにとって、四時飲みとはどんなものですか。

平松　世間様に対して少し後ろめたくて、でも、その後ろめたさも味のうち(笑)。

正蔵　後ろめたいものは、美味しいんですヨ。当人が了解していればいい。恋愛も、なんでもそうでしょう。

　ふだん一生懸命働いているサラリーマンにはなかなかできないことで、わりと自由がきく業種や、リタイアした方の特権とも言え、四時飲みは正々堂々というものではないと思います。どちらかというと、後ろめたさをしょっている。

平松　でもそれが最大の調味料ですね。午前中がんばって、ひと仕事終えた、と自分を納得させて。美味しいお膳立てを一生懸命に自分自身で整えている。あのときの微妙な後ろめたさというのは、四時の味ですよね。五時ではこの妙味はない(笑)。

正蔵　ハハハ(笑)。五時ではふつうなんですよ、お疲れさまの九時五時ですから。

平松　この一時間の違いは、大きいですね。たった一時間早めることで、こんなに気持ちのいい、でも後ろめたいという二つがないまぜになった気分が味わえる。これは、一人で飲んだり旅をしたりするとき、自分で自分をどう喜ばせるかという行為にも似ています。はしご酒って好きなのですが、もう一人の自分がいて、「次に行こうか。それとも、もう一杯、飲む?」など、自分を操り人形みたいに楽しませてやる、その感覚とも通じる。

正蔵　ところで、どんなときに四時から飲みますか。

平松　私の場合は、平日の昼間、ここぞと決めたときに行きますね。だって、四時から飲むためには、勇気を持って三時前には仕事を切り上げないといけない。ですから、気持ちは勇んで。

正蔵　でも、寸止めなんですよね。言い訳のギリギリのライン。ちょっと早いけれど、

ここは極楽、二人酒。

赤羽駅東口を出て左に行くとすぐにまるます家がある「赤羽一番街」。右)鯉のあらいは新鮮で、こりこりしている。酢味噌でいただく。奥は、鯉を味噌汁で煮込んだ鯉こく。

行っちゃいましょうというくらいに。

平松　前のめりになっているのですが、つんのめり感は、人には悟られないようにしたい（笑）。

面白いのは、六時や七時に入るときより、四時くらいに入るときのほうが、空気の察知の仕方が鋭敏なんですよね。後ろめたさがちらつく一方、清らかな空気もずっと感知しやすい。

正蔵　それはお日様のせいかもしれないですね。まだ日が暮れていないから感覚が研ぎ澄まされている。

あと、平松さんも先ほどおっしゃっていましたが、やはり四時飲みは、平日に限りますね。この特別感は、土日祝日では味わえない。地方や海外に行くのは特別なことですから、旅先で飲むのとも違う。

平松　はい。特別感は大事ですよね。私にとっての四時飲みは、人から与えられるものでも、偶然でもなくて、自分で用意するもの。なにしろ、四時という時間は、自分じゃないと設定ができない。でも、おおっぴらに「四時から飲む」とは言わず暖簾をくぐるとき、〝ちょいとごめんなさいよ〟と心の中でささやく感じが好きです。

正蔵　よくわかります。でも、世間体とか常識とかいういろいろなものに、〝申し訳なさを感じつつ飲むからうまい〟というのは掟です。だから、四時から飲んでいて、ネクタイにワイシャツのサラリーマンの方が仕事を終えられて遅れて入ってこられると、ああ、お先にすみません、って。

平松　そのワイシャツが輝いて、眩しく感じることもあります。

正蔵　それから、飲んだ後の時間を贅沢に楽しめるのも、四時飲みの特権ですよね。まだ六時。

平松　四時から飲んで二時間とすると、まだ六時。一軒で切り上げるのはちょっともったいなくて、ついハシゴをしてしまっても八時過ぎぐらい。九時前には切り上げたい。あんなにきれいな空気と時間を四時から味わったんだから、勇気をもって（笑）早く帰って、「ああ、今日はなんて贅沢な日だったんだろう、フフフ」とほくそ笑む。四時飲みの幸せのおまけです。

正蔵　ええ、四時飲みは、九時寝ですよ。八時四十五分からの首都圏ニュースを見て、この後、寝られる幸せ……。これで朝五時に起きちゃっていいんです。こんな贅沢ないですよ。

あと、四時飲みは腹八分目ですよね。

平松　早めに軽めに切り上げて、次の日の朝ごはんの美味しいこと。すべてに余裕があります。

正蔵　それから、家に奥様やご家族がお待ちの方、四時飲みの言い訳には〝お土産〟が一番です。まるます家なら「うな重」ですね。中……いやいや上くらいのを（笑）。

東京あれこれ、味のある酒場めぐり。

正蔵　赤羽って、いい町ですね。先ほどご

ここは極楽、一人酒。

丸健水産●北区赤羽1-22-8／TEL03-3901-6676／10時30分〜21時LO、土日祝・〜20時30分LO／第3水曜日休／JR赤羽駅東口から徒歩4分。立ち飲みスタイルで、およそ40種の本格おでんがいただける。

案内いただいて、まるます家の近くに居酒屋が左右に連なる「OK横丁」なんていうのもありましたが、昼飲みでも四時飲みでも、すべてを受け入れてくれる感じが素敵です。

「まるます家」はご家族でやっているとお話しでしたが、同じような感覚を北千住の店にも感じました。「大はし」もご家族でやっていて。その店の空気といい、よかったですね。肉豆腐が有名で。赤羽を聖地のひとつとするならば、ぜひ北千住も入れたいところです。

平松　四時から飲める店にあちこちいらっしゃっていて、印象に残っているエリアやお店はありますか。

正蔵　たくさんありますよ。最近では、たとえば中野の「酒道場」。グラフィックデザイナーで、今や〝居酒屋評論家〟の肩書をもつ太田和彦さんにお会いしたとき、中野にいい店があるよって教えていただいたんです。ここがすごく面白かった。

平松　どういうふうに？

正蔵　店自体が〝劇場〟なんですよ。うかがったのは口開けの四時ごろだったんですが、八人も入ればいっぱいのカウンターに早くも常連さんがいて、女主人を中心に何ともない会話がはずんでいて。下北沢の劇場「スズナリ」に入ったような、肩を寄せ合っているという感じです。「酒道場」と「道場」なんてついているから、ちょっと構えちゃうでしょ。なんてことはない、「酒、どうぞ」という当て字なんです。店内にはタバコ屋さんにあるような、懐かしい貯金箱みたいなものが置いてありましたね。

銀座や新橋、有楽町は単体の店としては多くあれど、酒場の聖地としたら、ちょっと違う感じがするんですよね。神田あたりは四時飲みとしては納得できるかなぁ。

平松　新橋は、サラリーマンのおじさんたちでワイワイガヤガヤしていて、有楽町ガード下には昭和の空気が漂っていて。浅草は、人をぐーっと飲み込む。

聖地のすみ分けは、実際にはむずかしいもので、そこが職場の近くか、住んでいる町かで、個人の感覚に差が出てきますよね。

正蔵　そうですね。自分にとっての特別な酒場の聖地は、職場からちょっと離れ、家路までの間にある、そんな感じです。

力溢れ、心和む……、居酒屋を発見する楽しみ。

正蔵　この前、ある用事の合間に、上野精養軒に行ったんですよ。美術館や博物館のお客などで昼間は混雑しているんですが、四時飲みには最高でした。不忍池を望む景色もいいし、ゆったりできました。意外とアルコールメニューもそろっていて。

で、僕一人かと思ったら、常連らしきおじさんがフラーっと一人で入ってきたんです。「ライスカレーね」と頼んだあと「いつものように頼むわ」と言って、ビール、ワ

はしご酒も、四時飲みならではの楽しみ。
80メートルほどの距離に20軒以上もの
酒場が連なる赤羽OK横丁を行く。

ここは極楽、二人酒。

インを飲んでいるんですが、いつまでたってもカレーが出てこない。よく見ると、福神漬けとラッキョウで飲んでいる！ 最後に〆でカレー食べて出て行かれた。大らかでいろいろなことが許されていて、いいなぁと思いました。

きょうのまるます家さんは和むといいますか、笑みがこぼれてしまいます。中には緊張する店もあるんですよ。その店のしきたりとか、なんとかというのがあって。

平松 私、居酒屋を語るときに苦手な言葉が、〝矜持〟とか〝流儀〟なんです。居酒屋って〝型〟から解き放たれる和みの場だと思うので。

数年前に閉まってしまいましたが、高知市内に「とんちゃん」という、地元で長く愛されていた居酒屋があったんです。その店のキャッチフレーズが、「うまい 目がまわる／やすい 目がまわる／力あふれ 心なごむ」――。この三行が居酒屋のすべてを物語っていると思いました。

正蔵 うまさと値段で、目がまわるほどの驚きがある。それから、〝力あふれ〟っていうところもいいですね。

平松 明日の活力を養ってくれる場所。そこに堅苦しい流儀はいらない。居酒屋の魅力を言い尽くす言葉として、ずっと心に残っています。

また、店は場ですから、人ひとりも大切だけれど、その視線は全員に向いているのも大事なこと。まるます家さんには、毎日足を運ぶ常連さんもいらっしゃいますが、特別扱いをせず、あくまでも一緒なんです。「うちはみんながお客さんだから」と、ただそれだけ。そういうところも素敵です。

正蔵 店と客の了見ですよね。客として「いつもの」と言って酒を出してもらいたい人もいれば、そうではない人もいる。僕の場合、いつものはあるけれど、日によって違うし、越えてほしくない一線があります。親しみはあるけれど、まっさらな感じというのかな。常連さんだとわかっているけれど、東京人っぽい、程よい距離感もときに大切だと思いますね。

平松 どのお客とも同じように接する。それをふつうになさっている店は、すばらしいです。まるます家はそれがあるから、空気が軽やかなんだと思いますね。

年とるごとに、じわじわと沁みる悦楽。

正蔵 居酒屋に集う人もいろいろでしょう。ときに嫌なこと、仕事の重責を忘れるためだったり、吹きだまりみたいなところがある。そういうところがダメというのではないですが、やっぱり酒場で英気を養い、幸せな気分になれるって、いいですよね。

平松 こうやってお話ししてきて、四時飲みは、つまるところ、「この時間を手にできるありがたさ」、このひと言につきるような気がします。そして、そのありがたみは、年々じわじわと、心に沁みてくる。この感覚は、年を重ねたごほうび（笑）。

正蔵 それから、美味しい店を見つけたら、味のわかる人を誘おうとか、好きな人を連れていきたいと思うものでしょう。そういう意味では、四時飲みに誘う人は、六時飲みとはちょっと違う。少しふるいにかけると言いますか、「四時からちょっと一杯、行きませんか」と、ささやく感じで誘い合う、そういう仲間と飲むのも幸せです。

きょうは、居心地のよさを含めて新しい発見がありました。平松さんにお連れいただいて、本当によかったです。

平松 これも、天使の仕業かしら。（笑）

正蔵 ええ、何十軒も回って、やっと気がつきましたよ。四時飲みは〝極楽行き〟なわけですから、〝天使の輪〟をつけてもらえる、というね。もちろん朝飲み、昼飲みもあるけれど、幸せの輪がつくのは、四時がギリギリのような気がするな……。

じゃあ今度は、ぼくが輪のつく店を探してご案内します。

平松 わぁ、楽しみです。

ひらまつようこ　東京女子大学卒業。エッセイスト。食文化と暮らし、文芸と作家をテーマに執筆している。著書に『買えない味』（Bunkamura ドゥマゴ文学賞受賞）、『夜中にジャムを煮る』、『サンドウィッチは銀座で』、『野蛮な読書』（講談社エッセイ賞受賞）、『本の花』、『いま教わりたい和食』ほか。

五臓六腑に染みわたる、ソルロンタン。

赤坂 一龍別館《いちりゅうべっかん》

牛頬肉を24時間以上煮込んだソルロンタン(雪濃湯)。お好みで塩を入れて味わう。

体が、ソルロンタンを欲していた。ソルロンタンとは、牛の頬肉などをコトコト煮込んだ乳白色のスープである。どっぷりと疲れた時には、身も心も癒してくれるとのこと。

はじめてその存在を知ったのは、『東京出張』という一冊のグルメ本であった。そんじょそこらのガイドブックとは違い、東京っ子にとっては両頬を思いっきり関西人にビンタされたぐらいの驚きと発見の連続であった。というのも関西生まれのライターとカメラマンが、その料理と店、しかも街までも、ものの見事に紹介している。書きっぷりのよさにひかれて、ついつい手放せなくなった。そのうえ東京に住んでいながら、いや、店の前を幾度となく通り過ぎているにもかかわらず、見落としていた旨いもの屋が何軒もあり、してやられた感がとっても悔しくも、しかしありがたいという妙な気分になった。

さて連日、バタバタとあちらこちらに伺い、いろんな方に会い、気を使うことがやたらと多く、とても疲れていたのであろう。朝目覚めたとき、ベッドから体も気持ちもナカナカ立ち上がることができない。しかも、普段ではありえないぐらいの目やにをアイボンですすいでから、うがい、手水《ちょうず》と身を清めてはばかりへ。トイレの友は、グルメの雑誌と決めており、便座に座りながら、「きょう、何を食べようかな」と思いをめぐらすのが私にとって大変楽しいひとときだ。

しかしその朝は、手に取った雑誌を広げることなく、まるで神のお告げのように「ソルロンタン〜、ソルロンタン〜」の声がいずこともなく聞こえてくるような気がした。求めているのだ、乳白色のスープを、疲れた体が。しかしコムタンスープやカルビスープ、テグタンスープなら知ってはいるが、一度も口にしたことがないソルロンタン。不思議とこの名前だけで、何かとても癒されそうな魅力的な響き。調べると、二十四時間営業なので、都合のよい時間に行くことができ、勝手がよい。この日は、胃もくたびれていたので酒も口にせず休肝日にしようと、陽の傾きはじめた赤坂の街へ向かう。

あまり歩いたことがないので、キョロキョロといろいろな看板を眺めると、ハングル文字であふれている。あまり馴染みのない単語が目に飛び込んでくる。ヒョンブ食堂、オンドル、ヌルンジ、韓国式壺プハンエステなどなど、まるでソウル市内の繁華街を歩いている気分になる。道に面した「一龍別館」。迷うことなく、すぐに見つかった。

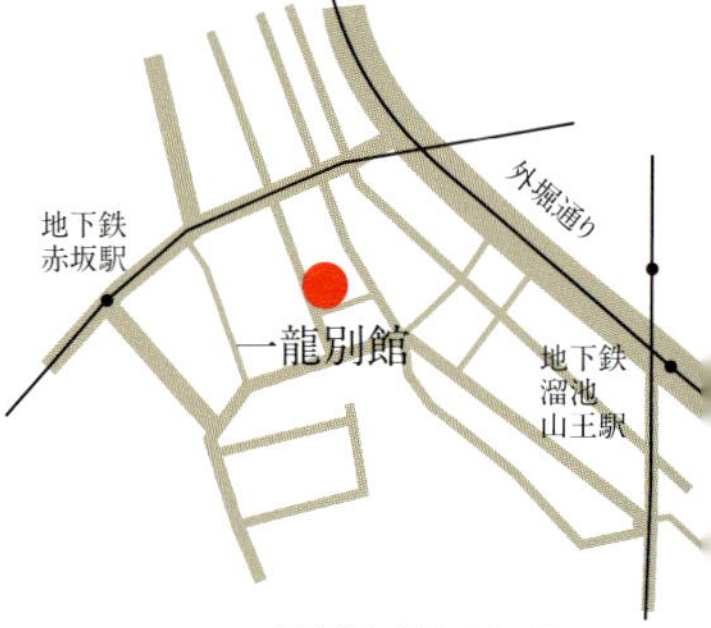

港区赤坂2-13-17
シントミ赤坂第2ビル1階
TEL03-3582-7008
24時間営業／無休

　店内に入ると、ランチタイムはとうに過ぎているにもかかわらず、すごく混んでいた。小上がりに案内されて、卓上に置かれている小さなプラスチックケースに書かれたメニューを見る。ソルロンタンの定食のほかには、チャプチェなど数品の料理しかなく、ほとんど、いやお客の全員がソルロンタンの定食を食べている。隣は、ヨモギ蒸しの帰りがけらしい、美しい女性の四人連れ、きっと小腹を満たしてから夜の街へお勤めに行くのであろう。すっぴんの横顔が美しい。なんだか得をした気分になる。ほかにはサラリーマン、主婦とおぼしき二人連れ。どう見てもその筋のお兄さんなどなど、ワイワイとしゃべりながらも、うまそうに銀のスプーンを口に運んでいる。色つき眼鏡をかけたマダムに定食を注文する。とたんに大皿にキムチ、カクテキ、韓国のり、そのうえ次々と小皿にいかにも体によさそうな料理の数々が運ばれてくる。若い女性がテキパキと並べてゆくのが、見ていて楽しい。見れば、日本で言うゴマメ、冷やし茶碗蒸し、なます、煮物、おひたし、黒豆、どれも身近でいわゆるオフクロの味。違いといえば、ゴマ油がきいていたり、タカの爪が入っていたり、なんだか呑んべえにとっては、居酒屋のつきだしのようで、ついついビールを頼んでしまう。伺うと大皿の韓国のり以外は、おかわり自由とのこと。たまらず、チャミスルも注文。いわゆる焼酎。ストレートで飲むのがあちらの流儀らしく、

ビールの残りをチェイサーに杯を重ねる。メインのソルロンタンとご飯は、後で出してくださいとお願いして、目の前の皿をつまみながら、とうとうマッコリも注文。おいおい、今日は休肝日ではなかったのか。定食に比べれば、酒代が少々割高なので、店の儲けに貢献しているんだよと誠に勝手な言い訳をふりかざして飲む。

　〆に主役のソルロンタンが、ふっくらとした御飯をしたがえて登場した。すかさずスープをすする。なるほど「雪濃湯」と字に書くだけあって口の中でさぁーっと体に染み込んでゆくものの、変な臭みもくせもなく胃や腸にも心にもとても優しい。スープの中には牛の頬肉のスライスや春雨、葱が入っており、それぞれがとてもいいアクセントになる。とてもご飯は入らないかと思っていたら、キムチをおかずに三分の二を、残りの三分の一をスープの中に入れて、ザクザクと腹におさめた。とても体が喜んでいるのがわかる。

　マダムの「風邪をひいたり、体の調子が悪かったらすぐにおいでね」の言葉に送り出され、夕暮れの赤坂の街に出る。すごく元気が出た。これならば、仕上げに行きつけのバーに寄るか。しかしオモニの思いが台無しになるようで、今宵はおとなしく帰ることにしよう。

男前の蕎麦屋。

浅草 並木藪蕎麦《なみきやぶそば》

蕎麦屋で一杯。誠に四時飲みには、ふさわしい。昼間、客が立て込んでいるときでは、ゆるゆる酒を飲んでいると、慌しく蕎麦を手繰る堅気の皆さん、またお仕事の合間をぬって小腹を満たそうとする諸氏に申し訳ないし、晩になってからでも、どうも蕎麦屋の長居は、野暮天のなせる業という気になる。せめて四十分でしょう、どんなに長くても。

ただ落ち着きたいのであらば、四時にするりと暖簾をくぐるのがよい。あー、鴨ぬきで一杯やりたい季節到来。しかも「並木藪蕎麦」の。

藪は、神田*、池の端、並木とよく通う。母は、神田がご贔屓らしく、用事のついでにちょくちょく行っている。確かに、蕎麦も酒肴も種類が多く、きれいに手が入った庭の緑が心地よい。もちろん蕎麦も旨い。どちらかというと、女性好みかもしれない。池の端は、巣ごもりや、いいかい、いそゆきなど、工夫をこらした蕎麦もいいし、鈴本演芸場からも近いのでついふらりと寄ってしまう。

さて、私にとって並木は別格だ。酒好きの私は、今日は並木藪に行くのだ、「ぬき」で一杯やるのだと腹を決めてから店に向かう。神田の色気に対して並木は、実に男前である。お品書きにも、手の込んだ肴はなく、つゆはめっぽう辛い。だから苦手だという御仁もいるが、あの昔と変わらぬ、飾り気よりも実で勝負しているところが、誠に気持ちがよい。

四時少し前に暖簾をくぐった。店構えも昔のままだ。建て直しはしたが、よくぞそっくりそのまま復元してくれたものだ。どうかすると老舗といわれるお店でも建て替えた後、やたらモダンになったり、名前が通ったデザイナーの、ヘンテコなオブジェみたいなものを置いたりする。現代風でいいのかもしれないが、私はあまり好きでない。変えることも必要だが、変えない勇気を持つほうが潔くていい。

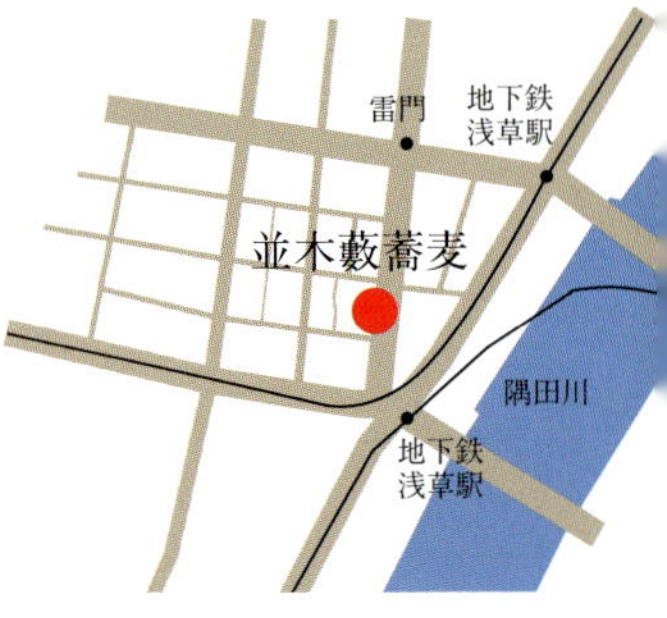

台東区雷門2-11-9　TEL03-3841-1340
11時～19時30分／木休

＊2014年9月現在、休業中。

ざるそば。厳選された国産の蕎麦粉を使用した蕎麦を、手間隙かけた辛めのつゆでいただく。そのほか、かけそば、のりかけ、花まき、玉子とじ、おかめそば、山かけなど。

以前、並木藪が建て替え工事で店を一時閉めていると聞いた。わざわざ足を運んで見に行った。確かに工事中。不安だった。何しろ店の中にいると、昔から足しげく通ったお客さんたちのこの店を愛する情のようなものが、木造家屋の柱、天井、梁、長机、お品書きひとつひとつにしっかりと染み込んでいて、蕎麦を食べに来たのだが、並木藪という空間に触れに来た、大げさに言えばそう思えた。

以前の建物は、戦後すぐに建てられたものでおよそ築六十年。今回、建て替えはしたものの前の店の間取りを受け継ぎ、ほとんど変えていないそうだ。新しくなってから行ったときは、店に入るまで不安だった。ガラリと様変わりしていたらどうしよう。ところが、新しい匂いはしたものの昔ながらの並木藪。ホッとした。いつもは座敷に上がるが、きょうは店の中をじっくり見たいので入口近くのテーブル席に着く。よく洗濯の行き届いた白い上っ張りに頭巾、客の頃合を十分に見計らって注文を聞き、蕎麦湯を出すその仕事ぶり、ここの女性たちの働く姿を見ているだけで気持ちいい。

調理場では、それぞれの担当がきっちり分かれているらしく、蕎麦を茹でる人、天ぷらを揚げる人、食器を洗う人と無駄なく持ち場をこなしている。左手に帳場があり、こちらから見ていると、ベテランの店員さんがピクリとも動かない、まるで置物じゃないかと疑ってしまうぐらいだが、客や店の人たちの動きをきちんと見ている〝気〟みたいなものを漂わせている。

期間限定の「鴨ぬき」は、まだ私が行ったときは始まっておらず、「天ぬき」を注文。もちろんお燗も一本。そして海苔。酒は樽の菊正宗。白い清水焼の一合徳利の下に袴《はかま》がついている。袴と

上）2011年11月に建て替えが完了したが、佇まいや間取りは以前のまま。「藪」の看板は、里見弴の筆によるもの。下）お酒は、樽酒の「菊正宗」。袴つきで出される。蕎麦味噌も美味。

は木でつくられた小さい升のようなものだ。以前、先輩の噺家と伺ったとき、「これ、何て言うか知ってるかい」「升ですか」と答えたら、「袴ってんだよ。でな、飲み終わったら銚子を斜めに傾けて袴に置くと、もう入ってませんよという合図になる。おかわりするか、おつもりにするか、店の人が聞いてくるから」と教わった。その日は開け放した窓から大川からの風が江戸の風情を乗せてサァーと吹き抜けていった。

チビリチビリとやっているうちに、海苔がくる。ここの入れ物は、気が利いている。炭箱で出てくる。江戸時代はこれが普通だったらしいが、都内でも炭箱を使っている店はそんなにない。いつでもパリパリで香りがよい。山葵をきかして磯の香を楽しみ、酒をチビリ。

そうこうしているうちに、「天ぬき」が登場。まずは天ぷらを崩さず、つゆを一口。このつゆと酒の相性が抜群だ。ほかの店で「ぬき」を注文すると、店によっての工夫だろうが、「ぬき」用にお椀のように少々味を調えてくる。こちらのように本当にそばだけ「ぬき」のままで出してもらいたい。だしをおごっているうえにかえしの旨みが広がる。ここで酒をチビリ、天ぷらを崩すとまた旨みが深まる。「ぬき」で二本飲んで、ざるを二枚で仕上げた。蕎麦を出すとき、ざるを裏返して出すのは、水のキレがいいからのようで、初代のときからやっているとのこと。いい心持ちで店を出る。

目の前には、以前はなかったスカイツリー、後ろには昔と変わらぬ「並木藪」。これだから浅草は、面白い。今度は「鴨ぬき」目当てに、近々暖簾をくぐろうか。

上）天ぬき。鴨南蛮は、11月〜3月までの季節限定。鴨南蛮目当てに訪れるお客も多い。下）炭箱で出されるので、パリパリの焼き海苔。

ここの玉子汁は、ウメェーな。
家でやろうと思っても、こうはいかねェーんだよ

森下 みの家

「矢来町の師匠（志ん朝）とは、よくいらっしゃったのですか」（正蔵）「ええ、よく来ました。あそこならいいだろう、オツだろって。酒の飲み方、場の振る舞いも教わりましたね。……なるほど、四時から飲むのはいいねぇ」（志ん橋）

古今亭志ん橋●落語家。1944年生まれ。69年古今亭志ん朝に入門して「志ん太」。75年二ツ目昇進。82年に真打昇進して六代目志ん橋。

憧れの師匠の、行きつけの店。

森下 みの家《みのや》

取材日の朝、志《し》ん橋《きょう》師匠が起きる頃合を見計らって駒場のご自宅に電話をかける。「志ん橋宅でございます」と、弟子のきょう介くん（現志ん松）が出た。「師匠はもう起きていらっしゃいますか」と尋ねると、「ハイ！　少々お待ちください」と、とても前座さんらしい応対だ。待つことしばし、「ハイ！　志ん橋です」。私は、師匠の声が大好きだ。張りがあり、男らしい太い声。私は自分の声色にコンプレックスがある。高くて弱いのがどうにもならず、師匠と話をする度に聞き惚れる。「本日、『東京人』の取材、よろしくお願いいたします」と挨拶をすると、「兄《あん》ちゃん！　俺、着物で行くから」とおっしゃる。「ハイ、それでは私も着物で伺います」。

師匠は、紺色の着物で行くという。「では四時にお待ちしています」と、電話を切るやいなや、簞笥の前でどの着物にしようか選び始める。胸がトキめく。まるでデートみたいだ。大好きな志ん橋師匠と着物で、しかも会場は、森下のけとばしの店「みの家」。

馬肉の鍋を〝けとばし〟という。さくら鍋という呼び方もあるが、楽屋では「けとばし」のほうが通りがいい。本来、〝蹴られる〟とは、お客様にウケなかった、笑いがとれなかったときに、「イヤー、客にケラレタ」と使う符牒《ふちょう》だが、どういうわけか、昔のお師匠さん方は、このけとばしが大好きだ。かくいう私も、父や母と子どもの頃から通っているし、黒門町（八代目桂文楽）、日暮里（五代目古今亭志ん生）のお師匠さん方もこの「みの家」を大の贔屓にしていた。もちろん憧れの志ん朝師匠も大好きな店だと聞いていた。先人たちが愛した店に、先輩と二人で鍋をつつき、酒を飲む上に、しかも着物で行く。けとばしだから、ざっかけない感じにしたいが、あまりくだけすぎるのもいかがなものかとアレコレ迷った挙句、濃い茶の格子の着物に、「帯源」で買った瓢簞のつなぎの鼠《ねず》の帯を合わせてみる。雪駄もいいが、ここはひとつ「富士屋」のおやじさんが薦めてくれた七代目が好んだ幅の狭い柾目《まさめ》の通った下駄にしてみた。鼻緒が洒落ているし、白木の柾目が美しいので、失礼はないであろう。ウキウキしながら、

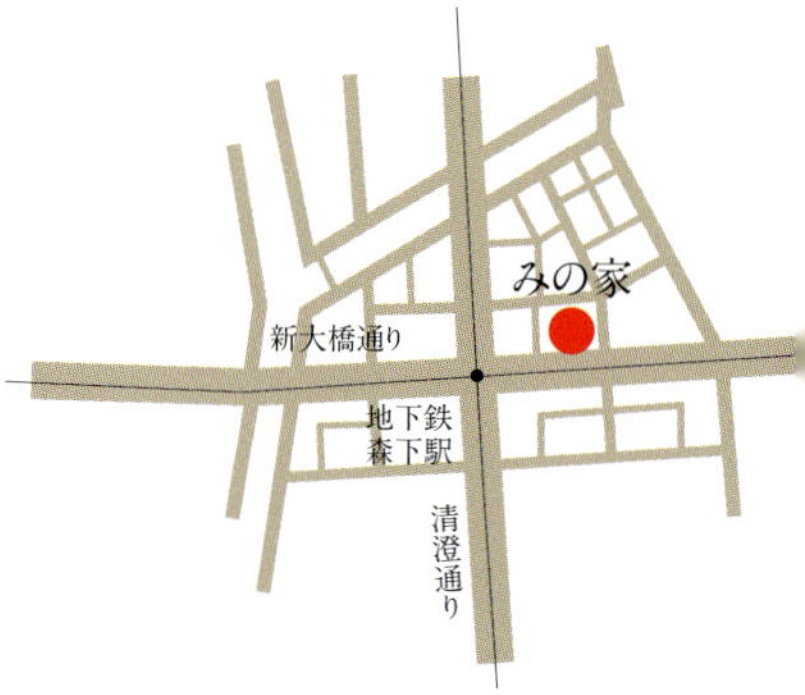

江東区森下2-19-9　TEL03-3631-8298
12時～14時、16時～21時30分、
日祝12時～21時30分
／木休（5月～10月は第3水も休）

森下に向かう。

四時二十分前に到着。店の前に立っていたら、みの家の若旦那から「どうぞ中へ」というお声がかかり、それに甘えて開店前に失礼する。久しぶりに伺ったせいか、店の佇まいの美しさに立ちすくんでしまう。昔ながらのそのままの「みの家」がそこにある。子どもの頃、母に「またご飯、おかわり」と呆れられた思い出ばかりでなく、見てはいないが、私が生まれるずっと以前、職人さんや下町のおかみさんが鍋を囲んで楽しく時を過ごしているその面影が、開店前のガランとした入れ込みの座敷から伝わってくる。

ご主人が、「三月の大きな地震の前に、耐震工事をしていたものので、奇跡的に残りました。もし何もしていなかったら、この店はなかったかもしれません」とポツリと言った。

志ん橋師匠がお見えになる前に、店の中を方々見せていただく。落語好きにはたまらない宝物があちらこちらにあった。一階の奥の座敷には、志ん生師匠がみの家さんに贈った鹿芝居の羽子板。志ん生師匠が「忠臣蔵」のお軽の出で立ち。柳橋師匠の勘平が色男だけに、とても面白い。二階には矢来町（志ん朝）の師匠が贈った暖簾や、額に入った同期会の師匠方の手ぬぐいなどなど、まるで演芸博物館のようだ。

店内にはなぜか「火の用心」の札が。裏から見ると「放歌禁止」。ホウカ（放火）の洒落だ。酒を飲んで大きな声で歌う酔客も、これなら一本とられたであろう。

四時少し前に、志ん橋師匠がお見えになる。早速注文。「刺し（赤身）にタテガミ（脂）。お燗を二つ。鍋はもうちょっと後に」。

上）手前が馬刺、奥がタテガミ。下）まず肉の入った鍋の味噌を溶き、徐々に野菜を入れて、煮えたらいただく。「こういう鍋の場合は、冷やより、お燗でいったほうが合うと思うんだよ」（志ん橋）。桜なべ（ヒレ、ロース）。

1階の特別室には、志ん生師匠が贈った羽子板が飾られる。

誰もいない店の中で、「一杯目だけはお酌で、あとは無礼講で手酌にしようか」と飲みはじめる。まだ外は少々明るいものの、昔ながらの電球の明かりがとても優しい。大きな時計が四時三分を指している。とても幸福な一時。赤身とタテガミはたっぷりの生姜醤油でいただく。時折、赤身と脂を合わせてやるのもいい。噺家さんは、落語に出てくるように、塩をちょいとつまんでも五合ぐらいいやるんでしょ、と言われるが、志ん橋師匠も私も何かいただきながら飲むのがいい。

白鶴を四本空にしたところで、鍋をつつく。ヒレとロースをまぜた肉はもちろん、お麩とネギもいい。またお酒を四本空にしてから、ご飯と玉子汁を注文。鍋に残ったネギと肉とシラタキのグツグツ煮たものを、白いご飯にぶっかけて、かっこむ。「ここの玉子汁は、ウメェーな。家でやろうと思っても、こうはいかねェーんだよ」という師匠の声に聞き惚れる。芸の話、志ん橋師匠の師匠である志ん朝師匠の思い出話、近況について……、お話ししているうちに、二時間があっという間に過ぎてしまう。いい感じで腹も一杯、ほろ酔い加減で表に出る。「じゃー」と、地下鉄に向かう師匠を見送る。そういえばかつて「東京人」（二〇〇一年十一月号）で志ん朝師匠と対談したときも、着物姿だったことを思い出す。なんだか、熱い思いが込み上げる。

「正蔵さん。けとばしは腹一杯になっても、すぐ腹が空くんだョ。不思議だねェー」と帰りがけに、志ん橋師匠が言っていた。

夜中、寝床の中で無性に腹が減った。お茶漬けでも食べようかな。師匠も戻られてから何か食べたのかしら。今度、お会いした時に、聞いてみよう。それにしてもうまかった。

創業は明治30年の馬肉料理の店。1階席は入れ込み。馬肉を意味する「桜」にちなみ、店内は「桜」の木の使用や、「桜」のデザインが施される。

焼き鳥のフルコースに舌鼓。

京橋

伊勢廣《いせひろ》

鶏1羽の美味しいところを味わうことができるフルコース。ささみ、レバー、砂肝、葱巻、だんご、皮身、もも肉、合鴨、手羽の焼き鳥9本に、きゅうりの浅漬け、サラダ、鶏スープがついた12品。

焼き鳥が好きだ。子どもの頃、父がよく連れていってくれた。本来ならば年端も行かぬ者が大人に混じって串に食らいついているのは、異様な光景であったであろう。しかし、そのお陰で「皮」「砂肝」「ちょうちん」「軟骨」「ぼんじり」などの言葉も覚えたし、「今度は、『はつ』を塩で」とか「皮をカリカリに焼いて」とか注文するおじさんたちの台詞を、耳学問で覚えた。父がほかに何か食べるかと言うので、炭火の前に立つ焼き鳥店のご主人に「じゃ、肝を塩で、軽く焼いてください」など、生意気に声変わり前の高調子で言おうものなら、隣の席の見知らぬおじさんが、「坊やはいい酒飲みになるョ」と褒めてくれた。

お陰様でおじさんの予言通り酒飲みになった。しかも、焼き鳥好きの。仲間内にも知り合いにも焼き鳥好きが多く、いろいろな店を回っている。下町にもいい塩梅にグルメ雑誌などにちょくちょく紹介される新しい店ができ、それぞれのこだわりで客をもてなすので、当日ふらりと寄っても「御予約でいっぱいです」と断られることも多い。しかたなく何日か前に予約して出かける。本来ならばふらりと煙に誘われて、つい暖簾をくぐるといきたいような気もするが、その店の焼き鳥にありつけないならばいたしかたない。

ある日、焼き鳥談義になり、ココだアソコだと旨い店をあげていたら、じっと若手の話を聞いていた先輩の噺家さんが、「お前たち、いろいろ新しい店に行くのもいいが、京橋の伊勢廣の暖簾をくぐってからにしろ。あそこの焼き鳥を食べなくちゃ、焼き鳥のことをアレコレ言うのは、十年早いぜ」とたしなめられた。確かに伊勢廣の名は知ってはいたが、伺ったことがなかった。焼き鳥好きの食通の先輩に言われたからにはと、地下鉄京橋駅より徒歩三分の本店に向かう。

四時半、カウンターに座る。焼き鳥屋は開店と同時に行きたい。まださらな空気が店に漂い、だんだんと美味しい煙が立ち込めてくる、その変わりようが楽しい。メニューを見るとコースのみ、自分の好みで後から追加注文できるようだ。ヘルシーとフルの二

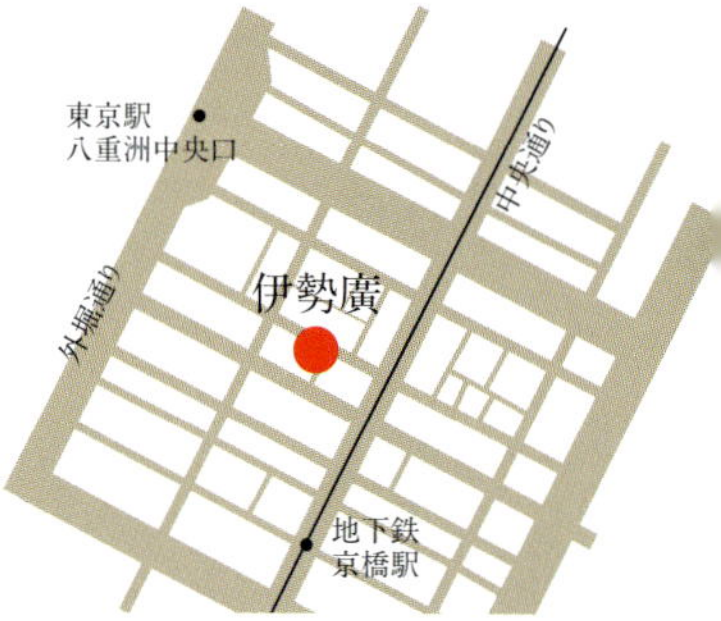

中央区京橋1-5-4　TEL03-3281-5864
11時30分～14時、16時30分～21時、
土曜日の夜のみ
16時30分～20時30分／日祝休

つに分かれ、もちろん十二品のフルコースをお願いする。

まずは「ささみ」。これはほかの店では「さび焼き」と言っているもので、表面を焼き、中はレアー気味に仕上げ、山葵でいただく。ご主人によると、祖父にあたる初代の「焼き鳥屋にお通しなんてあっちゃいけないよ」という教えを守っているとのこと。塩加減、火の通りに、早くも次の串への期待が高まる。「肝」が出た。タレはキリリと仁左衛門丈ばりの男前。醤油とみりんで仕上げているらしい。「砂肝」は山椒でと、オススメで試してみる。いい。コリコリシコシコと噛むうち、溢れ出る肉汁に山椒が程よいアクセントになる。ここで〝チキナー〟が役に立つ。簡単に言えば、焼き鳥用フォークのことで、以前、かじりつくのをためらって箸で身を串から外そうと難儀していた女性のために開発されたらしい。特に砂肝や手羽に大活躍する。「葱巻」は、こだわりの千住葱。ここで数種のベビーリーフのサラダがでる。ドレッシングはかかっておらずそのままで。いろいろな葉が混じっており、それぞれに自分の個性を主張してくる。そして鶏スープ。旨いなぁー。透き通ったガラスの器に入っている。スープが澄んでいながらも、じっくりと丁寧に仕上げている手間が窺い知れる。きゅうりの浅漬けが串にささって出てくるのはご愛嬌。

そしてここからが後半戦だ。「だんご」を塩で。ご主人が「うちの四番打者です」と言う。うわぁー。美味しいのはもちろんだが、口の中で一噛み、一噛み、まるで万華鏡を覗いているように食感、味、旨さが変化してゆく。こんな鶏だんごは、よそで食べたことがない。

ここで日本酒は山形の「大山」を冷でいただく。いろいろ試してイチオシというだけあって、焼き鳥との相性は抜群。また一合のぐい呑みは、伊勢廣の〝鳥〟の印がとてもチャーミング。

次の「皮身」は、皮だけでなく身というだけあって、首やももの肉がついてくる。なるほど、皮単品の脂っこさより美味しさが残る。「もも」をタレ。「合鴨」を塩。焼き鳥のトリは「手羽」。中と元が一本ずつ。なるほど鶏一羽ペロリと食べたような充分な満足感。追加で「ソボロご飯」と「鶏茶漬け」も、ご飯を軽めにして注文。大満足である。

なるほど、かの小津安二郎監督が愛した店だけある。五時半には店を出る。入れ違いにお客さんが次々と中に入ってゆく。なんだか駅まで歩いていたら、胸がじんわりしてきた。親父が生きていたら二人きりで行ってみたかったなぁー。よし、倅が呑める齢《とし》になったら、日本一の焼き鳥を食べに伊勢廣に行ってみよう。ちょっぴりセンチな気分で、コートの襟を立て、夕方の人の溢れる八重洲に向かった。

アナログ盤のジャズに酔いしれる。

神田小川町 ジャズ オリンパス!

この店を知ったのは、グルメ雑誌のカレー特集であった。表紙を飾ったそのカレーは、今まで見たこともないルゥの色が際立っていた。赤・茶・黄・紫・橙が複雑に入り交じり、白く輝くご飯粒に絶妙なコントラストを浮かび上がらせる。「ただ者ではない、このカレーを作った人物は」と思わずにはいられない美しさがあった。

早速、ページをめくり、店の情報を探り出す。店の名は、「ジャズ オリンパス!」。文章を読むとアナログ盤だけにこだわり続けるジャズが、店内にダイナミックに響き渡っているらしい。写真には、パブロレーベルのカウント・ベイシー「モントルー77」のライブ盤を手にした店主が佇んでいた。ベイシーのビッグバンドの後期の作品では、このLPと一九七五年のスタジオ録音ブッチ・マイルスのドラムが小気味よい「ベイシー・ビッグ・バンド」が好きだ。両方ともいわゆる名盤と声高に言う人は少ないが、とてもいい演奏だ。矢も盾もたまらず出かけてみることにした。

営業時間は、昼が第一・三土曜、日曜、祝日を除いて十一時四十五分から十七時。＊夜は十九時から二十三時。四時飲みならば、小一時間でビールとカレーで腹を満たすのには十分すぎる。もっともジャズをじっくり楽しむならばもっと長居もしたいが、まずは軽く一杯のつもりでJR御茶ノ水駅の改札を抜け、明大通りの坂道を駿河台下へとだらりだらりと歩く。マクドナルド隣のビルの二階に、「ディスクユニオン」のジャズ館があり、中古CDを物色する。掘り出し物を見つけて購入。古本もそうだが、見つけたときに手に入れないと、今度いつ巡りあうかわかったものではない。あのとき買っていたらと後悔したことが幾度もある。ウキウキした気分で地図を頼りに大通りを左へ曲がる。それにしても、神田神保町はよい街だ。ジャズや古本、旨いコーヒーに、美味しいカレー屋。私の好きなものが何でも揃っている。

千代田区神田小川町3-24
TEL03-3259-0055
11時45分～16時、19時～23時、
土13時～17時／日祝、第1·3土休

＊取材時の営業時間。

1950、60年代を中心にしたおよそ4000枚のジャズのレコードが並ぶ。店内は、通りに面して大きなガラス窓があり、明るく居心地のいい雰囲気。カウンターとテーブル席があり、店名は、スピーカー「オリンパス」にちなむという。

しばらく歩くと、件の店を見つける。ドアを開けると、マイルスのペットが大音量で耳に飛び込んでくる。懐かしい。実に懐かしい。紛れもなく硬派で昔気質のジャズ喫茶の音だ。アナログ盤をこれほど見事に、あたかもマイルスがそこにいるが如くに再生している。足しげく通った今はなきジャズ喫茶、上野「イトウ」の思い出が過《よ》ぎる。

店内には、読書にふける女性が一人。聴いているのか眠っているのか、固く目を閉じ身じろぎもしないサラリーマン。御常連とおぼしきカウンターの男性は、早くもギネススタウトらしき黒ビールを飲んでいた。いいな、この空間。秋の柔らかな日差しが店内に注ぎ込み、店の向かいにある公園の樹木が目に優しい。

まずはハートランドを一杯。なんだかとても贅沢な平日の午後。ビールを運んできたご主人に、小声で「リクエストはできますか？」と尋ねると、「一枚だけなら」との返事。これも昔ながらのジャズ喫茶の流儀。

「ズート・シムズを。何でも結構です」

新鮮な岩手鶏と、厳選された数種類ものスパイスで作られた「赤いチキンカレー」（数量限定）。赤さの理由は、赤パプリカ。

ご主人はコクリと頷き、待つことしばし。「920 SPECIAL」が流れてくる。ズートのサックスに身を委ねていると、もうビールがない。「THE MAN I LOVE」を聴いていると、無性にウイスキーが飲みたくなる。注文の際、銘柄はお任せする。マッカラン十二年のオン・ザ・ロックが目の前に現れ、まるで酒にあわせるが如く、いつしか店内には、サラ・ボーンの歌声が流れている。「SEPTEMBER IN THE RA

IN」。表はカラッと晴れた夕刻に、この曲がしっとりと心地よく響くのがなんとも不思議。まるで狐の嫁入りだ。琥珀色の液体が、スイスイと体に染み込む。

なぜだろう。もうジャズ喫茶自体、都内でも数えるぐらいになり、ましてCDの新譜はかけず、アナログ盤をこだわりのオーディオで再生している。時代の流れと逆行しているその姿勢にダンディズムを覚える。それも決して押し付けでなく、ごくごく自然体。それこそが、この店の魅力なのであろう。

最後の一杯は、アイラ島のモルトウイスキーを。ラフロイグを楽しんでいると、再びマイルスのライブ盤で「SO WHAT」が。トニー・ウィリアムスのシンバルが体を切り裂いてゆく。アイラ独特の旨みには、このアルバムはぴったり。

仕上げのカレーを食す。サラリと胃袋に納まる。重たからず軽からずの美味しさが、酒の後にちょうどいい。ご主人のこだわりがここにも生きている。帰り際、なぜこのスタイルの店にしたのか知りたくなった。

「月並みで面白くない理由ですが、脱サラして。妄想はずっと描いていたんです、『いつか、ジャズ喫茶をやってやろう』と。神保町は好きな街だから。ここにきて、この辺に新しいジャズ喫茶も増えているんですヨ」

また伺いますと挨拶して表に出る。ほろ酔い加減で、神保町を散策する。足取りがいつもより軽いのは、「ジャズ　オリンパス！」で聴いた4ビートのお陰か。古本屋で探していたハヤカワのポケミスの絶版本を三冊も見つける。それにしても、いい街だなぁ。

しばし、古きよき時代のアナログ盤のジャズに耳を傾ける。
「いいジャズは、いい落語を聴いているときのように心地よい」。

昼飲みの焼きそばタイム。

有楽町 慶楽《けいらく》

二階の席に案内されて、テーブルに着く。長い間、幾人もの客を心のこもった料理でもてなし続けてきた歴史すら感じられるその店内の居心地のよさに嬉しくなる。父と一緒に伺ったことはないが、以前、有楽町には東宝名人会もあり、中華料理好きだった父はきっとこの店を訪れたハズだ。いやもしかしたら東宝名人会の専属だった祖父の正蔵もこの店の広東料理に舌鼓をうっていたかも。創業からの年月を考えると充分にありうることだ。会ったことのない祖父、私が十代の頃に亡くなった父となんだか、同じこの食卓を囲んでいるのではないかと、そんなありえない現実味をおぼえるのがとても不思議だ。

　この店ではできるなら二階席がいい。三階のほうがもっといいョと御主人はいうが、窓の外をJR山手線と京浜東北線が行き交う。新型車輛になってはいるが、ガードのレンガは当時のままでいい色合いだ。ガタンゴトンガタンゴトン。営業の戻りか早く退社するのか、サラリーマンがドアに顔をつけこちらをみているような気がする。「ビールを下さい」という言葉に、頂きますスイマセンという気持が加味される。

　迷わず「エビもやし焼きそば」と「春巻き」を注文しそうになる。これはもう私のお決り。カリカリと両面に焼きめをつけた特製細ちぢれ麺に、プリプリのエビとたっぷりのシャキシャキもやしが入った、あつあつトロリのあっさり塩味で上品なスープの旨味がとても官能的ですらある。プリッ、シャキ、トロ、パリ、モチのコラボレーション。海老のプリッ、もやしのシャキ、あんのトロ、焼きめのパリ、そして焼きめの中からあらわれる特製めんのモチモチ。この「プリッ、シャキ、トロ、パリ、モチ」が慶楽の「エビもやし焼きそば」の醍醐味である。有名な作家は「豚ともやし」を好んだそうだが、やはり私はこちらのほうがうまいと思う。まして四時はまだ焼きそばタイムである。夜の焼きそば、昼の焼きそばもあるが、二時から四時ぐらいにかけて食す焼きそばがとてもいい具合だ。寄席でいえばトリの夕飯までの四、五時

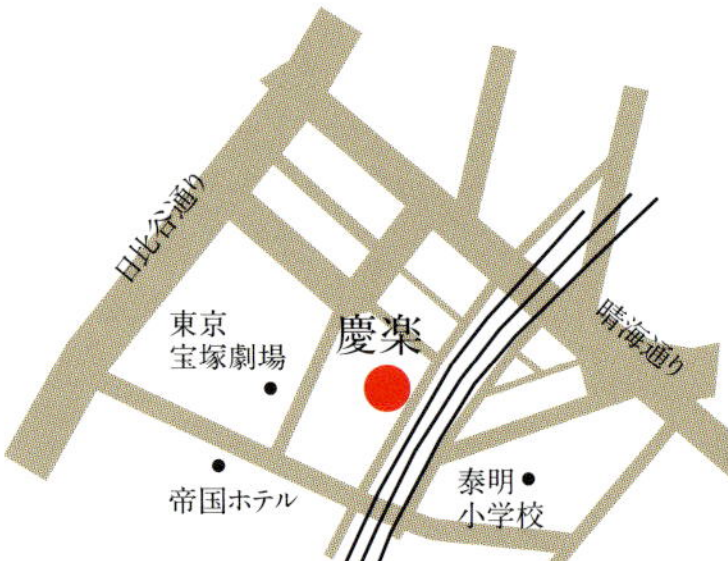

千代田区有楽町1-2-8　TEL03-3580-1948
11時30分～22時(21時45分LO)／日休

外はカリッ、中身はもっちりとした
エビもやし焼きそば。

間小腹のすいたところをうめてくれる色物さん。林家正楽師匠のオハコ「あいあい傘」を一枚きってもらう満足感に近い。

まずは一杯グビリとやり焼きそばを手繰り、口の中に旨味を充分に感じつつ二口目のビールで旨味を胃におとす。ただひたすらそれのくり返し。ただし皿の上の麺が半分になったところで、「酢づけの唐辛子」を加える。たいてい焼きそばなら黄色いねり辛子、または酢で好みの味に仕上げてゆくが、この慶楽では、「酢づけの唐辛子」のみ。御主人に話をきくと、昭和三十四年ごろ日本に留学するタイのお金持ちの子女が大使館においしい店はないかと相談したら、ここがいいと言ったそうだ。それ以来タイのお客様が来るようになり「こういうものを作って欲しい」という要望で出すようになった。純広東の焼きそばとタイの子女のリクエストから生れた「酢づけの唐辛子」は、まるで奇跡の出会いである。

それにしても、麺ひとつとってもバツグンにうまい。食す部分、部分で食感が微妙に変化してゆく。なぜだろうかと尋ねて納得。最初は自家製麺だったが、忙しくなり、同じ分量で注文した生麺を、まずせいろに広げて三十分くらい蒸す。そうすると白い麺が茶色に色づく。そのそばをほぐして冷やしておく。使うときには、湯に入れて戻し、水でよく冷やして、少々お醤油をかけて下味をつけてから一気に焼く。なるほどこれだけの手間をかけたら美味しいわけだ。

「春巻き」も〝ぜひもの〟の一品。とにかく大きい。コッペパンぐらいあり、中にはエビ、チャーシュー、クワイ、玉ネギ、タケノコ、シイタケなどなど。細かく刻んだ具がたっぷり。パリパ

「慶楽」がある、有楽町のガード沿いの通り。創業は昭和25年。1〜3階まで席があり、線路よりに面した2階の窓からは、JRの京浜東北線や山手線、奥には新幹線が走るのがよく見える。

2代目の區傳順さんと息子で3代目の祥景さん。

上）自家製の大きな皮でつくられた春巻き。
下）鶏ガラスープをかけた、名物のスープチャーハン。

リの皮から中身がこぼれないように気をつけながら頬張る。こいつもビールが合う。この春巻きにもタイの子女の置きみやげの酢づけの唐辛子がぴったり。

ではお決まりの二品を注文しようとした時に、ふと気がついた。料理はブザーがなり上の階からおりてくる。どうやらこの店の厨房は四階にあるようだ。何でも広東は焼きものが売りなので煙や焼き場のことを考えて下にあった調理場を最上階にもっていったそうだ。そこで三代目の息子さんが腕をふるっているとのこと。今日は、おすすめ「骨つきチャーシュー」から始めることにする。骨にまとわりつくチャーシューにかぶりつき、ひきはがし、嚙みしめる。嚙むほどに旨味が広がる。こいつは甕出しの紹興酒がいい。食べはじめたら、箸がとまらず、結局、きっちり食べおさめたくなった。

仕上げは、迷わず「スープチャーハン」。ここはチャーハンだけでも旨いが、スープがかかるとなお旨い。スープもバランスを考え、あえてあっさりとしてチャーハンの味に負けないトリガラの清湯《チンタン》にしてあった。

満腹の腹をさすり、湿気たっぷりのガード下の風にあたる。「また来てくださいね」と元気よく店のおばさんに声をかけられた。するりと平成から昭和に足を踏み入れた不思議な感覚に酔いしれた。

私の酒の量を知っているので、何もないことを告げると「では、マティーニを」。さりげない心遣いがうれしい。

神楽坂

サンルーカル・バー

2010年6月に開店。店の名前「サンルーカル」は、アンダルシアの港町に由来する。店内は白を基調とし、カウンターにはチーク材を使用。カウンター7席。昼は外光が窓から入り、夜とはまた違った贅沢な雰囲気が魅力。

昼下がりの「サイドカー」。

神楽坂 サンルーカル・バー

愛読しているグルメ雑誌の最後の頁に、モノクロのバーテンダーの写真とともにその店を紹介するコーナーがある。何気なく眺めていたら、顔見知りのバーテンダーさんのフォト。銀座の老舗「テンダー」にいらした新橋さんである。ここ何回か足を運んで、また今日もいらっしゃらないなぁと、少し寂しい思いをしていた。

バーテンダーと料理人とはよく似ているもので、たとえばこの人の握った寿司じゃなければという強い思い入れがあり、その職人がその店を辞めてほかへ移ると客もついてゆく。バーテンダーも然り。その人が振ったり、ステアーしたカクテルでないと駄目なのである。もうこうなると好みというよりは、惚れ込むに近い感情である。

なるほど、どうりで姿を見かけないと思っていたら独立なさったのかぁと納得した。早速足を運んでみようと住所を見ると神楽坂。いい街であるし、家から近いといえば近いが、ちょっぴり敷居の高さを感じる。これは私自身の勝手な思い込みなのであろうが、街自体におしゃれ感が強く、趣味のよさが鼻につくという変な先入観があった。足を運べば、気さくで下町の風情と今の風が気取りなく吹き、とても居心地がよいのだが、どうせ行くなら気楽な浅草ということについついなってしまう。何かのきっかけでもあればよいのだがと思っていたところに、思わぬチャンス到来。

さて開店時間を見て、目を疑った。午後二時と書いてある。なんで昼の二時なのであろう。バーは早くても夕方五時半あるいは、六時くらいからオープ

新宿区神楽坂6-43　K's Place102
TEL03-6228-1232
14時～24時、土日祝～23時／月休

ンするものなのに。しかし昼間からかっちり飲むのも嫌ではない。というか、むしろ有難いので早速足を運んでみた。

地下鉄神楽坂駅の出口からわずか十五、六歩で店の前に立つ。なんたる立地条件のよさ。大きなドアを開けると、そこには新橋さんがいた。とても素敵な佇まいである。お師匠さんにあたる「テンダー」の上田氏を歌舞伎役者のようだと譬えたグルメライターがいたが、まさに新橋さんも松嶋屋系の面立ちである。

挨拶を済ませ、はじめの一杯を注文する。ゴードンのジンでジンソニック。トニックソーダだけだと甘すぎるので、いつもクラブソーダで割ってソニックにしてもらう。まるで有能な化学者が実験をしているがごとく、まったく無駄のない所作でつくりあげてゆく。その動きの一つ一つを見ているだけで、ワクワクする。ラストにライムをしぼり、グラスの中に入れた。入れたというよりは生けた。グラスの中に泡が踊り、氷がたたずみライムのグリーンが映える。美しいオブジェであるが、喉がカラカラだったので、ゴクリとひと口。旨い。ジンの香りとほどよい甘みが喉を通り、胃に落ちるとポッと酒のつぼみが開く。

シェイカーを振る新橋清さん。

なぜ二時開店にしたのかと理由を尋ねると、バーというと深夜のイメージが強く、逆に深夜はグダグダ飲みになりがち。お酒は明日の糧にしていただきたいという気持ちと、生活環境の中でバーに接するのがむずかしい方、たとえば主婦の方々は、夕方にはお子さんが帰ってきて、バーには絶対に行けないという話も聞いていたので、普段バーに行く環境のない方にも使っていただける店にしたいからだという。確かに外から日差しがしっかりと入り込む、そんな時間帯に、よいバーで、しかもきっちりとしたカクテルが飲めたら最高の休日が送れるような気がする。だから土曜

神楽坂の石畳の路地。

日曜は、三時半ぐらいには店はいっぱいになってしまうとのこと。話に夢中になっていたら、グラスは空に。次はギムレットかマティーニにしようか悩んだ。すると新橋さんがさりげなく「これからのご予定は」と尋ねる。私の酒の量を知っているので、何もないことを告げると「ではマティーニを」。さりげない心遣いがうれしい。美しいマティーニを一口飲む。師匠のマティーニとはまるで違う。上田氏は、とても男性的で荒事を感じるが、新橋氏のはすごくエレガントであった。

そして仕上げの一杯。何にしようか。まだシェイカーを振っていただいていないので、それではと、浮かんだのが、サイドカーをソーダで割ってもらうカクテルであった。すると新橋氏がにこりと笑い、「師匠、覚えていらっしゃいますか。上田マスターがたまたま出張していた時、僕が最初におつくりしたのが、サイドカーのソーダ割りでした。もう三、四年前のことです」。

いや驚いた、最初に出した飲み物を覚えていてくださるとは。シェイクをするそのスタイルは、師匠譲りのハードスタイル。氷の入ったグラスにサイドカーが注がれ、ソーダと混ざる。口の中に幸せが広がる。とてもよい気分で店を出る。さてどっちへ向かおう。ＪＲ方面に出て、行きつけの本屋でミステリーでも買ってゆくか。なにか神楽坂がとても身近に感じる。ちょくちょく寄ることになりそうだ。

ふと冷たい風に吹かれ、ほてったホホに、千鳥足。坂の上り下りがとても心地よかった。

上）マティーニ。下）サイドカー。

新旧入り混じる、中央線ラビリンス。

吉祥寺 ハモニカ横丁《はもにかよこちょう》

一人暮らしに憧れた。はや約五十年、実家から出ることなく家族やお弟子たちに囲まれた大所帯。しかもご近所付き合いも厚い下町暮らし。何度か脱出を試みたものの失敗に終わり、「長男が家を守らなくてどうする」と小言を言われ、結局、根岸にしっかりと腰を落ち着けた。

　もし家を出ることになれば、何処に住んでみただろうかと思いを巡らせるたびに、「やっぱり吉祥寺かな」ということになる。実家が山手線と京浜東北線の日暮里と鶯谷の中間。ならばこの路線とはあまり縁のない、しかも私鉄が通っている駅で、静かな公園とちょっとお洒落な飲食店と下町みたいに活気のある商店があり、都心にもすぐ出ることができる……このすべてを満たしているのが、「吉祥寺」ということになった。

　とは言っても買い物や飲み食いにワザワザ行くには、下町からは遠いし、知人や友人が住んでいるわけでもなく、やはりこの町と私は縁がないと諦めていた。ところがいつもJAZZのCDを買っているショップの店長がお茶の水から吉祥寺へと異動になった。「正蔵さん、誰か別の店員に引き継ぎますので」と申し訳なさそうに言う店長に「いいえ、吉祥寺のショップまで伺いますので」と嬉しそうに答えた。こうして三ヵ月に一遍の吉祥寺散歩が始まった。

　まずは「ディスクユニオン」でCDを買い、うまいラーメン店を順ぐりに回り、JAZZ喫茶「メグ」でコーヒーを飲んで戻る。ときには商店街をぶらついたり、井の頭公園まで足をのばした。たいてい昼の早い時間が多く、夜席の高座前だったりしたので酒を飲むこともなく、二、三時間ぶらぶらして吉祥寺を後にした。CDショップの近く、駅前の「ハモニカ横丁」は、いつも気になっていた。ハーモニカではなく、〝ハモニカ〟という響きが心地よいこだわりを感じる。それはビルディングではなく、今でもビ

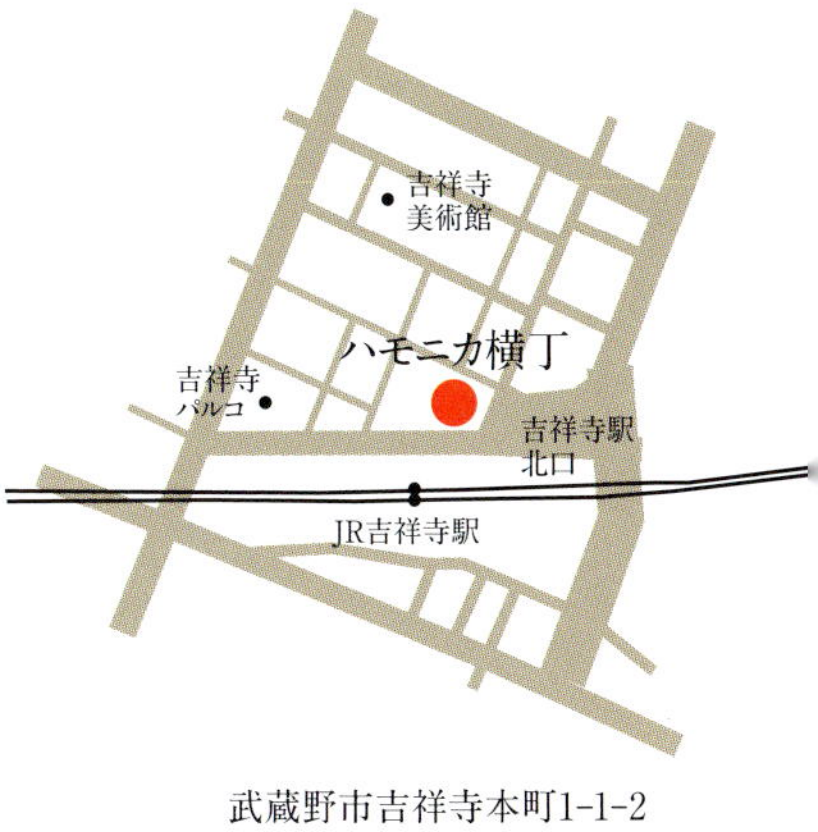

武蔵野市吉祥寺本町1-1-2
「アヒルビアホール」TEL0422-20-6811
11時～24時／無休
「てっちゃん」TEL0422-20-5950
16時～23時、土日祝15時～23時／無休

ルヂングと表記を変えない昔気質の面白みに似ている。

ハモニカ横丁は、約九十三軒*の店舗があり、飲食はもちろん、ファッション、雑貨、食品、甘味などなど、バラエティーに富んでいる。

以前、腹が減ったので「麺屋武蔵」の系列店「虎洞」に入った。人気店のようで昼過ぎても十人ぐらい並んでいた。どこが入口かわからず中に入ったら、「すいません、そこは裏口です。自販機のあるほうへ」と言われ、恥ずかしい思いをした。しかしラーメンはめっぽう旨かった。駅まで出るのにワザワザ、ハモニカ横丁の中を通って散策してみる。夕刻から開店するお兄さん方が仕込みの最中、どんな店があるのかと下調べをしておく。「アヒル」「ポヨ」「モスクワ」「エイヒレ」……これ全部、店の名前。何軒か目星をつけて出直すことにする。

その日のはじまりは、「アヒル」というビアホールからはじめた。ビアホールといっても、ワイン、焼酎、日本酒、紹興酒も充実、なのにビアホール。しかも「アヒル」とは、なんとなくチャメケがある。おススメの「シメイ」というベルギー生ビールで喉をうるおす。生ビールの旨さを実感する季節の到来を体で感じる。大きなアヒルの置物があり、それが店の名になったのだろうと尋ねてみると、「いや、オーナーに聞かないとわからない」との答え。そこにオーナーなる御仁が通りかかったので聞いてみると、「セロリとかにしようといろいろ考えたけど、結局アヒルにした」とスルリと答えた。

ちなみに斜め前にある「モスクワ」も同じオーナーの店。ロシア料理の店でもなさそうなので、なぜモスクワなのか。その答えは、「昔観た映画に出てきたカフェの名前が『モスクワ』だったから」とスルリ。

隣りにある「てっちゃん」からの煮込みと焼きトンの匂いに誘われて、暖簾をくぐる。「イラッシャイマス」。いらっしゃいますと確かに言った。日系ブラジル人のお兄さんは、ニコニコと注文を取る。レバー、バラ、ゴーヤの串に、もつ煮の鍋にキャベツぶつ切りを入れたキャベツ煮を、ホッピーで流し込む。

このままだと、この店だけですっかりできあがってしまいそうなので、ふらりと表へ出て、次の店に行く間、みたらし団子と赤飯を「いせ桜」で、愛犬へのおみやげの犬用ケーキを「ココズスイーツ」で購入する。

三軒目は、急な狭い階段を上がる、とあるお店。三階の掘炬燵のちゃぶ台の席に座り、仕上げのホッピー。茄子と九条葱のサラダとキンピラが絶品である。とても落ちつく、モダンでもあり、昭和の懐かしさ、武蔵野の上品さ、戦後の闇市や、小さな商店が軒を連ねる郷愁にも似た匂い。それらが渾然と染み付いている。やっぱりこの町に住んでみたいと、そんな気持ちが以前よりいっそう込み上げてきた。

＊取材時の2011年調べ。

BBQ
KITCHEN & SALOON
Jolly
-pad
アヒル
ビアホール
お
たばこ
CIGARETTE
Café
でっちゃん
ワインと
お酒の勉強を
したい人、募集
紹興老酒
紹興花雕酒

ボリュームたっぷりの「オニオングラタン
スープ　プティ・トノー風」。

ワインとオニオングラタンスープがあれば。

麻布十番 ル・プティ・トノー

その初老の紳士は、実はエレガントなスプーン運びで、オニオングラタンスープを味わっていた。ウエイターが「お代わり、お持ちいたしました」とグラスの赤ワインを持ってきたところをみると、すでにもう最初の一杯は、腹におさまっているのであろう。軽くうなずき、スープを飲む。口の中で充分に堪能してから、スゥーと赤ワインを含む。実に満足そうである。

熱々《あつあつ》のオニオングラタンスープは、はじめに玉ネギの甘みが口の中に広がり、次にコンソメの旨みが押し寄せる。噛み締めると、バゲットの香ばしさとグリュイエールチーズのとろみがプラスされ、再びバゲットに染み込んだコンソメスープの旨みがまさに口《こう》福《ふく》を呼び込む。しばらくは、オニオングラタンスープの世界に陶酔してから、赤ワイン、できればピノノワールのルージュのカーテンでいったんは幕をひいて仕切りなおす。その御仁の行動にしばらく気をとられてしまった。

私はいつもの通り、その洋食屋の看板メニュー・ハヤシライスを注文したが、よし、まねしてみようとオニオングラタンスープとグラスの赤ワインも追加した。もちろんスープを食べ終わってからハヤシライスを持ってきてくださいというお願いも忘れずに。気のきかない店だと、同時にもってきてしまう。それではあの紳士のように優雅にオニオングラタンスープは楽しめない。

しばらくすると、スープのボウルとワイングラスを空にして紳士は席を立ち、お勘定を済ませた。「おいしかった。ちょっと風邪ぎみだったもので」とニコリと笑い、「体が温まった。ご馳走さま」と店を出て行った。オニオングラタンスープと二杯のワイン。実に粋だ。

なんだかまたまねしたくなって後日、その洋食屋に行ってみた

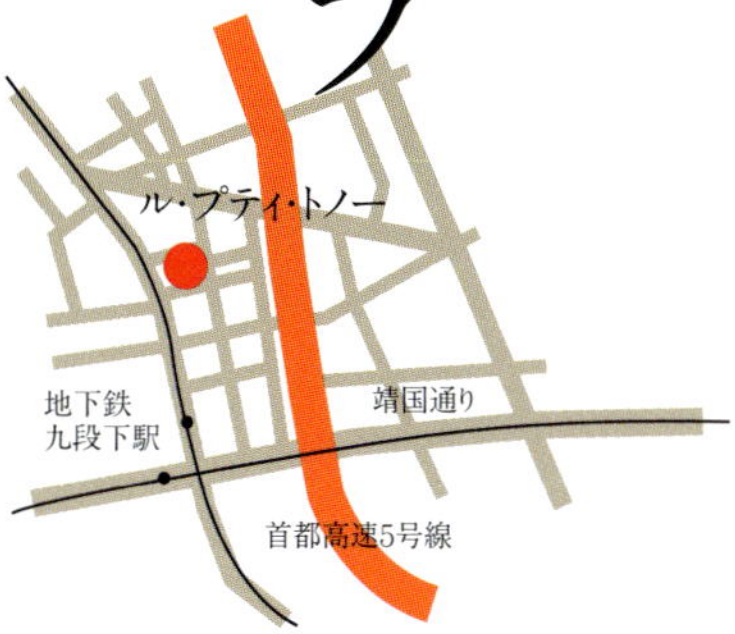

ル・プティ・トノー 九段店
千代田区九段北1-10-2 九段アークビル1階
TEL 050-5872-3659(予約)
03-3239-6440(問合せ)
朝食8時～11時30分(予約のみ)
ランチ11時30分～15時(LO)ティータイム15時～18時
ディナー18時～22時(LO)／日祝休

＊麻布十番店は閉店したため、地図は九段店を記載しています。

ら、冬季限定メニューらしくてありつくことができなかった。通年でオニオングラタンスープをおいしく食べさせてくれる店はないかと探していたら見つかった。

「ル・プティ・トノー」。九段下や虎ノ門にも店舗を構えているが、パリの雰囲気を楽しむには麻布十番がいいらしい。その日は昼過ぎから雨になり、少々肌寒い。オニオングラタンスープに温めてもらうには、もってこいのスープ日和だ。大江戸線麻布十番駅から商店街を歩き左に曲がると広場があった。地元の人は、パティオというらしい。その角に店はあった。

どうせならあまり来たことのないお洒落な感じにひたりたいので、ガラス張りの窓側の席にする。その時間帯は、車や通行人の数は少なくないが、外国人のカップルや欧州の高級車が通り過ぎると都内にいる気がせず、フランスのパリにいるようだ。大江戸線でパリの気分とはお得なことよ。店内はフランス語と英語が半分、残りを日本語がゆきかい、BGMはフランス語のジャズヴォーカルが流れていた。

フランス人のウエイターさんから「ナンニシマスカ?」と聞かれ、「オニオングラタンスープ。それとスープにぴったりの赤ワインをグラスで」とお願いする。「チョットマッテテネ」とまるでその注文を楽しんでいるかのような表情で、バーカウンターに戻る。スープができあがる前に、赤ワインが出た。コートデュローヌがおすすめのようだ。確かにシラーとグルナッシュは合わせようによっては面白い。

待つこと十分。オーナーシェフのフィリップ・バットン氏ご自慢のオニオングラタンスープが登場。大きめの器にたっぷり入っ

九段下店、虎ノ門店に続き、東京で3店舗目にあたる麻布十番店は、2013年、惜しまれつつ閉店。

料理長のフィリップ・バットン氏。

ており、こんがりと焼けたバゲットにトローリとチーズがとけ、まわりの飴色をしたオニオンのスープの甘い香りが鼻をくすぐる。お店のお兄さんの「ボナ・ペティ。アツイカラキヲツケテネ」の忠告も聞かず、急いで一口すする。熱い。舌と唇が、飛び上がる。しかし旨い。フーフーと夢中でスープを口に運ぶ。すぐに胃の周りがじんわりと温まる。体が喜んでいるのがわかるから不思議。ここでワイン。どんぴしゃり。ツユものと酒は合う。そば屋で「天ぬき」を注文し、熱燗を楽しむその悦楽のフランス版。チーズ、バゲットはもちろんだが、黒胡椒のきいた甘く濃いコンソメが少々、パンチのきいた赤ワインに合う。スープをすすり、ワインでひと息。

繰り返していると、ワインがもうない。そこで、「さっきと違うもので、このスープに合う赤をグラスで」と注文。今度はロワールのシノンがでてきた。こちらは女性的な色気でオニオングラタンと寄り添う。二杯の赤ワインとオニオングラタンで腹いっぱいの大満足。

バゲットがとても旨かったので、聞けば、新宿線曙橋*にある「峰屋」のパンとのこと。納得。帰りにバットンさんが、「うちはほかの料理もうまいから、今度はスープだけじゃなく、いろいろ食べてネ。スープでお腹いっぱいになった？　見かけによらず小食ね。ハハハ」と笑っている。

地下鉄に乗り、駅から歩くと家に着く前に腹が減った。しまった、パテも注文すべきだった。後悔先に立たずとは、このこった。

＊または都営大江戸線「東新宿」から。

上）スコットランド産サーモンの瞬間燻製、季節の野菜添え。
下）フィリップ・バットンのおばあちゃんのテリーヌ。

絶妙な味付けに技あり、上海料理の隠れた名店。

池之端

ＢＩＫＡ《びか》

もう「ＢＩＫＡ」に通うようになってどれくらい経つであろうか。今では私にとって欠かせない店である。とても疲れていたり、ゆっくりと時間が取れる休日など、ふらりと足が向いてしまう。訪れては、その優しい滋味あふれる一皿に心がほぐれる。我家からは谷中の墓地を抜け、ヒマラヤ杉のある三叉路を言問通りのほうへ曲り、画材屋の前を通り、三段坂からあえて遠まわりをして店に向う。それはちょっとした腹すかしのための儀式でもあり、また帰りは同じ道を通るのも芸のないことであるからという、今ではひとつの習慣になってしまった。

「ＢＩＫＡ」に辿り着くまでに、昼どきはいつも墓地にいる野良猫ミーちゃんが、五重塔跡近くの陽だまりで私を出迎えてくれる。白地にまるで瀬戸内海の小島のような薄茶の斑点があり、野良にしては美しく品がある。朝の散歩の折は愛犬に「フゥー」と威嚇の背毛を立て息を吐くが、私がひとりと分かると優しく「ミァーオ」と鳴く。たまに姿を見ないと心配するが、ここのところお昼時にはとてもりっぱなお墓の入口の石塀の上で、閉じていた目を薄く開けいつものように「ミァーオ」。時折その鳴き声が「ヒルメシ（昼飯）カァーヨ」と話しかけているようで、面白い。

「ＢＩＫＡ」は近所というには離れているし、若い頃から伺っていたわけでもない。あるグルメ雑誌のワンフレーズがきっかけだった。その号はチャーハン特集で、この店の卵チャーハンがじつに美味しそうに紹介されていた。ごくごくシンプルなその焼き飯は卵とネギのみで米粒ひとつひとつがピカピカに輝いていた。

店のデータを見ると台東区池之端とある。喰いしん坊の私とし

台東区池之端4-25-11 TEL03-3821-3347
11時30分～13時30分LO、
17時30分～20時30分LO／火、第3日休

ニラそば。開店した頃からのメニューで、圧倒的な人気。鶏から出汁をとったあっさりめのスープは、すべて飲み干してしまいたくなる味。細かく刻んだニラと甘辛い肉味噌が細麺によく絡む。

ては、家の近所の旨い店を知らないのがとても悔しい。ほんとうにジリジリする。銀座や青山であればたいして癪に障らず、まぁいいか、へェーそうかでおさまるが、台東区内に知らない美味しい店があると不覚をとった気になる。そしてそのライターの〆の文章が「つくづく家の近所にこんな店があったら幸せだろう」とあった。つまり、その幸せのおすそわけに与《あず》かっていない自分にとても腹が立ち、早速に出かけた。

はじめての方には少々わかりづらい言問通りを曲がってちょっと入ったところに、「BIKA」はある。木彫りの看板にはアルファベットで「BIKA」。由来はもともと奥様の実家の上海料理店の名前を受け継いだもので、本当は「美華」。左右対称の漢字は中国では、とてもおめでたいとされているそうだ。

さて店に行ったら、まずは「中国式きゅうりもみ」を注文してもらいたい。これからの季節、きゅうりも旬を迎え、瑞々しさと青々しい香りも増してくる。

少々面取りをして縦半分に切り重い包丁で叩く。粗く割れた部分に味が染み込み、充分に冷えて出てくる。基本的には塩とごま油だというが、家で何度も挑戦してみたが、この旨みは真似できない。ビールできゅうりもみをつまみながら次の一皿を考える。いつも決まって迷う二品が「木くらげと春雨の卵いため」。木くらげが主役だが脇をかためる細切りの豚肉、小松菜、竹の子、白菜がいい働きをする。ベースは甘めのしょうゆ味。香りづけに老酒。卵をふわっとさせ、硬くならないようにするのが技の見せ所。ついつい白飯が欲しくなるので、下戸の方にもオススメ。

上）木くらげと春雨の卵いため。木くらげ、春雨のほか、小松菜、竹の子、白菜、豚肉の細切りが入る。ベースは醬油に砂糖を加え、ちょっと甘め。老酒を使用。下）基本は塩味で、ごま油でアクセントをつけた、中国式きゅうりもみ。

もう一品は「ゆりのつぼみ芝海老いため」。とにかくここの料理長は食材の持つ旨みを損なわず素直に引き出す。特に海老。炒めても、あんかけに仕立ててみても、チリソースで和えてみてもていねいな下処理の手間のかけようで、いつもプリンプリン。そして金針菜《きんしんさい》とも呼ばれるゆりのつぼみを咲く前にいただくありがたみをしっかりと味わうのもぜいの極みだ。

下町のお店としては少々値は張るが、それに見合う美味しさと価値はおつりがくる。きっと良質なものを使用している証。特筆すべきは、スープの旨みにある。決して表立って主張してこないがじんわりと体をいやしてくれる。どの料理にもかかせないこのスープのとりように「ＢＩＫＡ」の凄みを覚える。

老酒のオンザロックで冷えた胃と腸を〆の「ニラそば」で温める。運ばれてきた丼の中を見てタメ息が出る。美しい。ニラそばといえばたいがい炒めたものが多いが、ここのニラそばは他所《よそ》とは違うオリジナル。ニラを細かく刻み、肉味噌を真ん中にのせる。あっさりとしたスープに少しずつ味噌を溶かす。いただく麺はストレートでいい感じにコシもあり優しい歯ごたえ。スープは最後の一滴まで飲み干さずにはいられない。

すべて食べ終えて体がよろこんでいるのがよく分かる。近所にこんな隠れた名店があるという嬉しさを噛み締めながら、上野の山を遠まわりして帰ることにしよう。そうだ、「大黒屋」のかたやきせんべいをみやげに！

上）ゆりのつぼみ芝海老いため。粗塩を使用し、素材そのものの味わいを生かしている。下）昭和62年に、現在の地・池之端に店を出して四半世紀を超えた。50品目近くの本格上海料理が味わえる。

極上の脂がしみでる鰯の塩焼きに感涙。

神田 大松《だいまつ》

「赤ちょうちん　おいでおいでと　ゆれている」。桂文枝師匠作「ぼやき酒屋」のなかに出てくる川柳である。寒い風吹く夜、ガード下を歩いている酒飲みが、ついついゆらり赤ちょうちんに誘われて、暖簾をくぐってしまう。そんな酒飲みの心情をよく表している。

浅草演芸ホールの昼の部トリを務める兄弟子がとても機嫌よく高座に上がって、「ぼやき酒屋」を一席。袖で聴いていたら、無性に飲みたくなった。外は北風ピューピュー。昼席がハネるのがちょうど四時半、そのうえ今日は何の予定もなし。これだけ条件が揃っていたら飲みに行かないほうがお酒に失礼とばかり、店も決めずに田原町から銀座線に乗る。さて何処で引っかかろうかと何の気なしにぷいっと降りたのが神田駅。ガード下をぶらりぶらりと冷やかして歩く。こんな日は、日本酒。もう誰が何と言っても熱燗がよい。店もあまり上品すぎず、かといって汚くても駄目。どうせなら気の利いた肴で一杯飲める店がいい。小料理屋でも居酒屋でもない。そう、今日の気分は「大衆割烹」。大衆とは民衆とか勤労者階級、一般庶民のこと。本日の労働時間は十五分一高座のみの私は、少々引け目を感じつつも、居酒屋よりも、もう少しこだわり感のある一品が出てくる店に行きたい、ただし料金は大衆でと、この微妙なバランスのとれていそうな大衆割烹を探す。

たしかこのあたりに「鰯の旨い店」があったのを思い出した。「夕刊フジ」だったか「日刊ゲンダイ」だったか、手銭でサラリーマン諸氏が満足する店を紹介するコーナーで、生簀で泳ぐ旨い鰯を食べさせてくれると書いてあった。少し前から青魚に含まれるドコサ・ヘキサ・ナンチャラ、つまりDHAが体に良いとやたら言われ続けているし、秋刀魚、鯖、鰺、なかでも鰯が大好きな

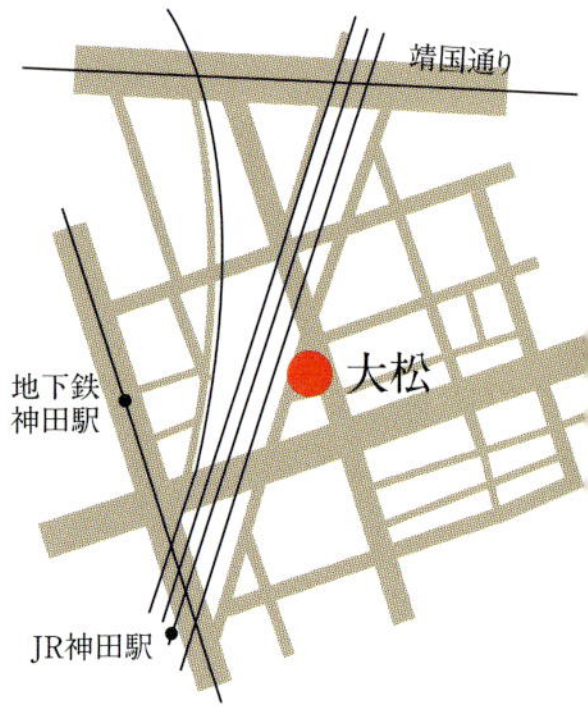

千代田区鍛冶町2-10-7 フェスタビル1階
TEL03-3252-6540　11時20分〜14時、16時30分〜23時　土16時30分〜22時／日祝休

冬におすすめの「にらつみれ鍋」
（写真は2人前）。

私は、もうその店に行くしかないと腹を決め、あちらこちら探しまわる。

北風に耳が痛い。頬が凍りつく寒波のなか、大通りを渡った右側にそれらしき店を発見。たしか漢字で二文字だったのは覚えていた。暖簾に「大松」の二文字。店内に入るとメガネが熱気でくもる。安堵で心もぬくもる。まるで雪山で道に迷い、やっと山小屋にたどり着いた、そんな経験はないけれど、それに近い感動に胸が熱い。

中に入ると、早くもご常連さんがお気に入りの席に陣取り、一杯やっている。もちろん生簀には鰯が泳いでいる。とても家庭的な水族館の巨大水槽のようだ。

さて、何を注文しよう。初めてなので「お得セット」一八六〇円。まずはお通しであん肝、続いて鰯の刺身。いままでみんなで泳いでいたのを、すぐにさばく。しかも尾頭付きで目の前に出てきた。鰯の目がキラキラ。口もパクパク。何やらこちらに訴えているようで、「ごめんね、おいしくいただくから」と断ってからひと口。

旨い。鰯は鮮度が勝負というが、口の中で噛んでも、その身はいつまでも泳いでいるがごとくハネまわる。その旨味を落ち着かせるように、菊正の樽をお燗でやる。ちなみに、頭と骨は唐揚げにしてくれるのが嬉しい。

続いて名物の青のり豆腐。「お熱いうちに」という言葉に偽りなし。目に色鮮やかな青のりの緑のだし汁にアツアツの豆腐がドーンと入っているだけの、ごくごくシンプルな一品。お椀の感覚でいただく。凍った身体が一挙に解凍されてゆくのがわかる。ふーふーと汁を飲み、ハフハフしながら豆腐を胃に納める。体にと

上）お得セットの、「いわしのさつま揚げ」。
下）板長が、いわし、ごぼう、にんじんなどを摺り合わせてさつま揚げの生地をつくる。

てもやさしい味だ。旨いだしのきいた汁物は、日本酒との相性は抜群で、つゆと酒とで体が暖まる絶品だ。このほかセットには鰯のさつま揚げがつく。

どうしても鰯ならこれが食べたいので、板長に「塩焼きできますか?」と尋ねてみた。鰯の塩焼きは「青菜」という落語に出てくる。上品な鯉こくと対比されるのだが、大衆的な鰯の塩焼きが実においしそうに登場してくる。塩焼きといえば鯖、鯵、秋刀魚はよく食すが、あまり鰯の塩焼きにはお目にかかれない。価格高騰のせいか、近所のスーパーでもなかなか扱ってくれない。噂によると、脂が多くご家庭で焼くのは大変らしい。

すると板さん、威勢のよい声で「鰯を塩焼きにするなら、寒い時期に限りますヨ」とのこと。旨味ののり方が夏場よりよく、腹わたは秋刀魚よりこくがあっておいしいらしい。

焼きたてをいただく。形は一五センチくらい。身を箸で押さえるだけで、ジュワジュワと脂がしみだしてくる。それでいて、意外と上品な感じ。役者でたとえると、秋刀魚が立役ならば、鰯はエレガントな女形といったところだろうか。

「師匠、こいつが一番酒に合うよ」と出されたのが、鰯の酒盗和え。鰹の塩辛と細く切った刺身の相性は、感涙もの。酒がすすむ、すすむ。これだけ飲んじゃ、DHAの効き目はいかに。ちょっぴり気にしながら、お銚子もう一本!

お得セットより、上)新鮮な「いわしの刺身」。刺身を食べ終えると、残った頭と骨の部分を唐揚げにしてくれる。セットはほかに、さつま揚げ、青のり豆腐、生ビールがつく。下)アツアツの「青のり豆腐」。人気メニューで単品もある。

やっぱりキンキは、中野に限る。

中野 第二力酒蔵《だいにちからしゅぞう》

近ごろ、中央線沿線に旨い魚を食べさせる居酒屋が多いと、食い道楽が噂する。吉祥寺、荻窪、阿佐ケ谷、そして中野。なかでも中野の「第二力酒蔵」は、格でいうと横綱級だという評判をちょくちょく耳にする。「そんなにいい店なの?」と尋ねると、新宿からちょっと足を運ぶだけの価値ありと誰もが口をそろえて言う。少し前は中野ブロードウェイにちょくちょくベアブリックを探しに出かけたが、近頃は、「なかのZERO」ホールか「中野芸術劇場」の落語会でたまに下車するぐらい。知人も友人も住んでいるわけではない下町生まれの私にとっては、近くて遠い、そんな場所が中野である。

新宿で山手線から乗り換え、時間もあったので総武線に乗る。大久保、東中野に停車。そういえば東中野には入船亭扇橋師匠のお宅がある。前座の頃から稽古でよく伺った。線路沿いを歩き桜並木をすぎて右に曲がると師匠の家。稽古の後にいただくコーヒーの味は格別。「ごぶさたしているなぁ」。ふと優しい扇橋師匠の姿が浮かぶ。小さなバッグにいつもアメやふかしイモが入っていて「こぶちゃん食べるかい」と頂戴する。「そのアメは小三治師匠のマネージャーの家の近所のニッキ飴」とか、「この唐辛子せんべいは永六輔さんが大好きな神田の店」とかちょっとしたコメントが付く。その話がなんともおもしろい。今は寄席を休んでいらっしゃるが早く体調がよくなることを願うばかりだ。

ほどなく中野に到着。北口を線路にそって新宿方面に少し歩き左へ折れるとすぐ角にその店はあった。できる店の法則どおり、暖簾がパリッとしている。入口が二つありどちらから入ろうかと少々迷っていると、次から次へとお客さんが入ってゆく。手前の入口から入ろうとすると道路に面したガラスケースに活きのよい

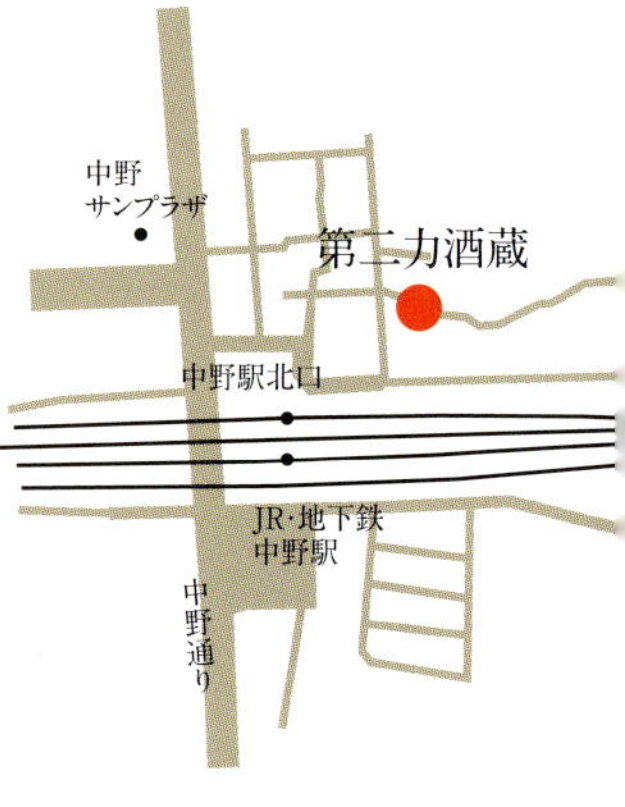

中野区中野5-32-15　TEL03-3385-6471
14時～23時／日休

キンキの煮付け(煮豆腐つき)。煮豆腐は魚のあら煮の鍋で一緒に煮込まれたもので、味わいが濃い。煮汁をごはんにかけても絶品。

魚が客の目を楽しませる。ブリ、ハタハタ、赤貝、タラ、サバなどなど。いやがうえにも期待が高まる。中に入るとV字形のカウンターと板前さんが向き合うL字形のカウンター。奥は座敷で向うの入口すぐ脇に階段があり、先程からゴルフバッグをかついだおじさん連中がガヤガヤと上がって行く。どうやら座敷があり、コンペの宴会のようだ。

テレビ下のカウンターに座り、まずは生ビールを頼む。今日は寒いから熱燗でもよいが乾燥した空気とほどよい人いきれからか、冷たいビールを欲している。壁に並んだお品書きの多さに驚く。

どれにしようか迷っていると、お姉さんのよく通る声で「あら煮終わりました。カマもおしまい」「関サバと塩焼きのサバ。それとブリカマもおしまい」。まだ五時半にもなっていないのに。早く注文しないといけない。迷えば迷うほどどれも美味しそうだ。結局、氷見《ひみ》のブリ刺し、青柳のぬた、自家製のおからにする。するとニコリとお姉さん「お客さんでおからもおしまい」。ギリギリセーフ。「うちのおからは人気でね。板さんの自慢の一品なの」と小鉢を出しながらテキパキと料理を運んでくる。少し濃い目の味だが、しいたけ、いんげん、にんじんが細かに入っていて、酒がすすむ。

ここから熱燗に。酒は伏見のキンシ正宗。すっきりとした呑み口が寒ブリの刺身によく合う。値段は格安とはいえないが、お代以上の価値がある旨い魚を出してくれる。寒ブリは、さすが氷見の天然もので、うっすらピンクがかった身が六切れ、しかも厚めでキトキトに光っている。上品な旨みのある脂を口の中で楽しみながら酒で、口の中をリセットする。

時季の魚を中心に、品書きに書かれたおすすめ料理は、およそ100種類。

カメラマンと編集者も席についたところでキンキの煮付けを注文。一人では食べきれない大きさだし、お品書きにも値段が記されていない。尋ねると日によって違うが三四〇〇円。「今日のキンキは食べないと損するよ」とススメ上手にほだされて、三人で分けることにする。脂が乗りに乗ったキンキが甘く濃く味つけされ、その煮汁の旨みをたっぷりすい込んだ、奴とごぼうがたまらない。こんなに旨いキンキの煮付けは、はじめてだ。

酒を飲んでいるものの、この煮汁をご飯にぶっかけたらさぞかし旨かろう。お品書きに白飯はないが丼もあるので、無理を承知で、「ご飯を少しください。ついでに自家製の塩辛も」。イヤな顔せず、お茶碗にピカピカのごはんが少々。なんでも富山のコシヒカリとか。塩辛をアツアツのご飯にのせ一口。べらぼうに旨い。

気がついたらもうない。さっきより小さな声でおかわりをする。二杯目はキンキの煮汁をぶっかけザックザック。青森産のしじみ汁で心もお腹もポッカポッカ。

そうだ。今になって思ったのだが、なんで〝第二力酒蔵〟なんだろう。帰り際御主人に伺うと、創業は昭和三十七年（ちなみに私と同じ年）。店は第一から第七まであったが、今では第二の中野と三鷹の第六、上板橋の第七の三軒だけ。力酒蔵の「力」の由来は残念ながら不明とか。

ホクホクした気分で店を出る。いつまでもキンキの旨みが頭からはなれない。「あー、やっぱりキンキは、中野に限る」ということになりそうだ。

上）刺身の盛り合わせ。下）青柳のぬた。ほかに、自家製あんきも、自家製塩辛、しじみ汁など。

素晴らしき焼きとんの世界。

東十条 埼玉屋《さいたまや》

串はコース仕立て。アブラ、シロ、レバ、ハツ、ねぎ間、チレ、カシラ、タン、シャモの9本が基本。今、焼いているのはアブラ（和牛ロース）。

興奮している。うまい串を食べたせいか、こだわりに感動したせいか、誰かに伝えたく、食通の知り合いと会うごとに、「東十条に、べら棒にうまい串焼きがあるんだ」と告げると、「埼玉屋でしょ」と返す刀でばっさり斬られる。「もうずいぶん前から通っているヨ」なんて追い討ちをかけられると、泣きたくなる。

しかし取材日から数週間過ぎているのに、未だに薄れることのないこの思い。何か、食でありながらすばらしいエンターテインメントに触れた、そんな気分である。かといって敷居が高いわけでも気取っているわけでもなく、どのお客も食べ、飲み、語り、笑っている。早く裏を返したいのにと、毎日のスケジュールに追われてついつい機を逸しているのは悲しい。

連休明けの火曜日の夕刻早い時間に、東十条の駅に降り立った。ＪＲの京浜東北線。この駅を利用した記憶がない。縁がない場所なので、我が家から遠く離れてもいないのに、ちょっとした旅気分に胸が高まる。

改札を抜けて左へと曲がると、ゆるい下り坂。しかもフニャーとカーブしている。ダラリダラリと下ってゆくと、うとうと居眠りをしているような回送の京浜東北線がたくさん止まっていた。車庫になっているんだぁとびっくりしつつ、坂を下りきると、左手

には老舗の和菓子屋さん。ここの黒糖どら焼は、皮が香ばしくて大好物。よく先輩が届けてくださる。こんなところまで買いにくるのかと、またびっくり。あとは地図を頼りに「埼玉屋」を目指してゆくのだが、お世辞にもこの先に、グルメの舌や胃袋を満足させる店があるようには決して思えない。

それどころか、普通の町並み過ぎて、少々不安にさえなる。信号を曲がるとすぐに暖簾が見える。

四時に開店して間もないのにすでに満席。カウンターでは、ご主人が串を焼き、店の人がてきぱきと客の注文に応じている。壁にはカタカナがずらりと並ぶ。レバ、チレ、シロ、バラ、ギョク、コブクロ、アブラなどなど。

確かに焼きとん中心の串焼きがメインのはずなのに、よくある煙モクモク、脂ベトベトがまるでない。「清潔だぁ」とつぶやく。先に来たスタッフと合流。カメラマンのＫさんが唸っている。この方は、おいしいものに出会うとなぜか顔が険しくなり、「うー」と唸る。すでに何串か食べていたらしい。

はじめてのお客さんには、システムを納得いただいたうえで料理を出している。「クレソンと大根のサラダ」から出る。クレソンは脂を分解する成分があるという。ちょっとした心遣い。

あとは串順に並べると、アブラ（和牛ロース）。これは甘ダレ。ロースの甘みは甘ダレのほうが引き立つとのこと。納得。シロは臭みなし。レバは塩。新鮮なレバなので、〝甘さ〟が堪能できるレアがおすすめ。ハツのあとは、岩手のブランド豚。脂身の脂を吸ったねぎがうまい、ねぎ間。チレはお初物。豚の脾臓《ひぞう》で、なんとガーリックバターでいただく。フレンチな味わい。こんな手の込んだことをされると、うれしくて泣きたくなる。カシラ、タンを塩で。しめはシャモのトマトサルサソース。後口がさっぱり。ご主人が試行錯誤を繰り返して到達した「埼玉屋」のオンリーワンの世界だ。

　このあと追加もできるが、もう満腹になる。隣のテーブルのサラリーマンのグループは、ベーコンステーキと、埼玉屋風すきやきを食べていた。きっとうまいんだろうなと、横目でチラチラ。次回はぜひトライしよう。

　ホワイトボードに、ザワークラウトの走り書き。ドイツのキャベツの酢漬けだ。なんでもご主人が現地で食べたものを、帰国して和風にアレンジしたという。食べてみるとサッパリでうまい。串のうまみをさらに次につなげる。寄席でいうと、トリの前にあがる腕っこきの色物さん、ということになるか。

　ついでに飲んだものは、生ビールのあとに、生ホッピー。ホッピーにも生があるのを初めて知った。シャリシャリに凍らせた焼酎でつくるから、氷いらず。だからいつまでも薄まらず、冷えたまま。次におすすめの生レモンハイ。カットレモンを三切れ入れて、シャリシャリ焼酎、そこにサワーを注ぐ。ジョッキのふちにはこだわりをつけ、ソルティーレモンハイ。こいつがいける。

　また、このレモンハイのあとスライスを残したところに生ホッピーを入れてもらうと、さらに新しいうまさになるのを知る。驚きの連続のまま、とても幸せな気分で店を出た。足が千鳥。フラリフラリと駅に向かう。

　しまった、煮込みを食べていなかったと改札口で気がつく。次のお楽しみがまたひとつ増えたと思えば、それでいい。いつもと変わらぬブルーの京浜東北線が、きょうばかりは幸福のブルートレインに見えた。

右）牛の煮込み（パン付）は、和牛を使用。味噌ベースとし、洋風に味を改良した。焼酎を凍らせてつくる生レモンハイ。左）左上から時計回りに、アブラ（和牛ロース）、シロ、レバ、クレソンと大根のサラダ。

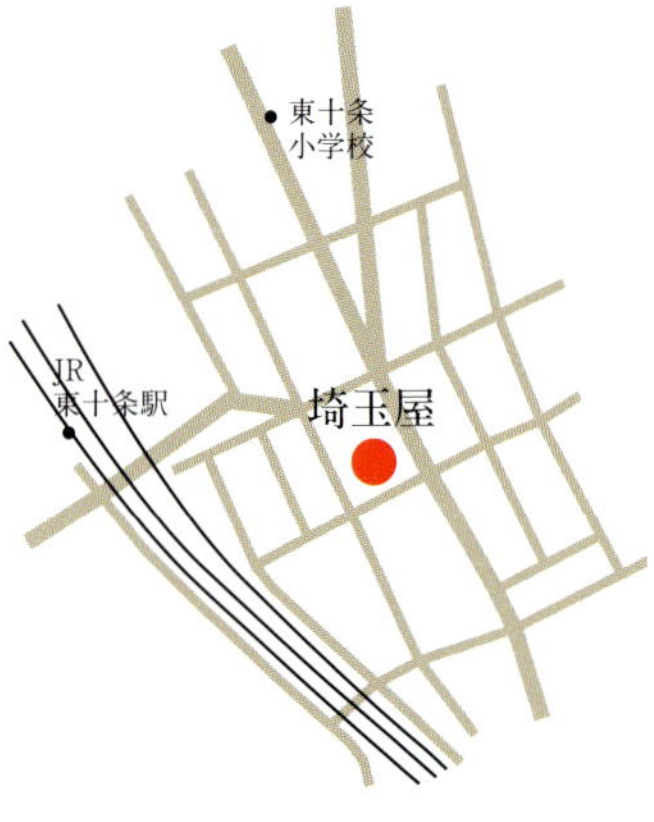

北区東十条2-5-12　TEL03-3911-5843
月～金16時～売り切れじまい、土16時までに並んだ方のみ。入替なし。／日祝休

路地奥の名店。

銀座 三州屋《さんしゅうや》

三州屋のカキフライは旨いと評判だ。時季になると神田生まれの友人が、「そろそろ三州屋のカキフライが食べたいなぁ」と必ずつぶやく。

「そんなにおいしいのか?」と聞くと、胸を張って「そりゃ、カキフライは洋食屋、とんかつ屋でも旨い店があろうが、ビールの肴にするなら、いや、飯のおかずでも、俺は三州屋が一番好きだ」と言う。しかし、この友人とはその店に行ったことがない。なぜならば、こいつの贔屓の店に行くと、まるで鬼の首をとったように、いきなり上から目線で物を言いはじめる。「確かにおいしい!」なんてこっちが言おうものなら「だろう。お前さぁー、いろいろうまいもの食べているようで、この店を知らないなんて、勉強不足だなぁー、おいしいものを人前で語るなんて百年早いぞ」ぐらいの勢いで天狗になる。しかし友は飲食店を稼業にしているだけあって、舌は確かだ。それでも言い草が気に入らず、一緒には絶対に行かない。野郎のしたり顔を見ると、おいしいものも、悔しさでちょっぴりスパイシーになる。

寒い日、北風に背中を押され、銀座の並木通りを京橋方面へと歩く。女性ならば、この通りはさぞかし楽しいであろう。大きな広告には外国の美女たちが読み方さえわからないアルファベットのブランド品をまとい、微笑んでいる。こんな美女にも高価なバッグや靴にも、これっぽちも興味がわかない。お目当ては「三州屋のカキフライ」だ。しばらく歩いていたが見落とした。ふとSuica(スイカ)の残金いくらだったかなぁと一瞬思い出していただけなのに、三州屋の前を通り過ぎていたようだ。慌てて戻り、確かこの辺りと目星をつけていた所に小さな立て看板。狭い路地の奥に、昔ながらの佇まいで三州屋は凛と構えていた。路地はにぎやかで少々浮わついた平成二十四年の銀座並木通りから、昭和の香りがする、まるで三州屋劇場へとつづく花道のようであ

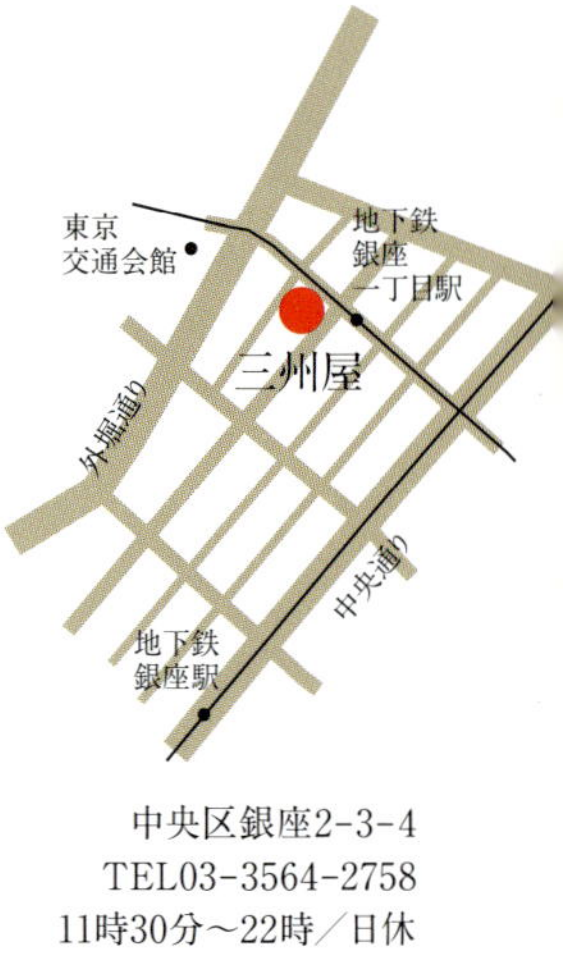

中央区銀座2-3-4
TEL03-3564-2758
11時30分〜22時/日休

サクサクのカキフライ。つけあわせは、キャベツの千切り、ジャガイモ、レタス、桃（缶詰）、たまねぎ、トマト入りのサラダ。

った。
ガラガラと戸を開けると、心地よい人いきれがファーと押し寄せる。先に入っていた編集部のスタッフと合流する。十一時半から二十二時の通し営業というのがありがたい。私が店に入ったのは午後三時を少々まわった時刻。だいたい二派に分かれる。昼飲み派と定食派。お洒落で今風なファッションに身を包んでいる二十代後半から三十代半ばの客は、遅い昼飯にやっとありつけたらしく、丼めしをワシワシとかっこんでいる。もう一方は少々くたびれたおじさんやおばさん、そして、早い時間から一人酒盛りを決めこんでいる男性客など、すでに出来上がっている呑んべえグループだ。お客が三十人は超えているだろう店内を、威勢のいいおばさん一人で切り盛りしている。

ビールで乾燥した喉をキリリとしめて、店内の品書きに目をやりたいのだが、このおばさんの、まるで芸ともいえる客扱いにド肝を抜かれた。その眼力は見事なもので、入店したその一瞬で定食か酒の客かを振り分ける。飯族と感知するや「定食?」と聞く。これが百発百中ハズレなし。最初の生ビールは仕切り上手のおばさんを肴に飲んでしまった。

仕切り直して、カキフライと名物鳥豆腐、さばの味噌煮を注文する。「おまちどお」の声とともにカキフライ登場。ほどよい大きさでカラリと揚がっている。ちょっと硬めのサクサク衣を歯でぐいと噛むと、ジッワァリとカキの旨味が流れ出す。タルタルソースはないのかぁーなんて甘ったれ小僧は、三州屋劇場の客の資

上）ブランドショップが建ち並ぶ銀座並木通り。下）創業45年。並木通り小路奥に位置する三州屋。1階はカウンターや、6人掛けと8人掛けのテーブル席があり、2階は広い入れ込み座敷となっている。

格なしだ。タルタルなんてものは、おじさんたちが子どもの頃にはなかったんだ。いや、あったのかもしれないが身近なものではなかった。自慢じゃないがはじめて知ったのは、マクドナルドのフィレオフィッシュからだ。ソース瓶、しょう油瓶とも赤いキャップ。ソースとしょう油の入れものもレトロでいい。ソース瓶、しょう油瓶とも赤いキャップ。これじゃ区別がつかないと思ったらしょう油のほうには腹の部分に大きく「しょう油」と書いてあった。また赤のキャップもソースは一口、しょう油は二口、穴が開いていた。

味もさることながら、店の雰囲気にどっぷりと浸かる。日本酒

鳥豆腐。鶏肉、豆腐、春菊が入り、開店当時からのメニュー。漬けダレも添えられる。下)さばの味噌煮。

に替える。二合頼むと「ダブル一丁」。どうやら一合は「シングル」とお勘定へ通していた。名物鳥豆腐は日本酒に合う。下味のついたダシに豆腐と鳥肉。口があきたら添えられたポン酢をつける。体がポカポカ。ついつい長っ尻になる。さばの味噌煮もそうだが、江戸前で味つけが濃いめだからついつい酒がすすむ。新じゃがの揚げ物には、ごましおが付いていた。この気遣いが嬉しい。とても幸せだ。

こんないい店だったら、件の口の悪い友と酒を酌み交わしてもご機嫌だろう。よし、たまには連絡してみようかな。

初出
「東京人」(都市出版)連載
林家正蔵「ちょいとごめんなさいよ、四時からの悦楽」
(掲載したものは下記のとおり)
2010年8〜12月号、2011年2月号、5〜9月号、11〜12月号、
2012年1〜5月号、9〜10月号、12月号、
2013年1〜2月号、4〜8月号、10月号
対談・平松洋子　「東京人」2014年1月号
「特集 四時からの悦楽：五大聖地を行く 赤羽」

＊本文中の価格は連載時のものですが、
店舗情報は2014年8月現在のものに改めました。
休業中、閉店などでも同じ系列の別店舗がある場合、
適宜本文中に記載しています。

写真撮影
川上尚見
矢幡英文　P.113-119

ブックデザイン
島田 隆

シンボルマーク
nakaban

とんぼの本

四時《よじ》から飲《の》み　ぶらり隠《かく》れ酒散歩《ざけさんぽ》

発行　2014年9月20日

著者　林家正蔵《はやしやしょうぞう》
発行者　佐藤隆信
発行所　株式会社新潮社
住所　〒162-8711 東京都新宿区矢来町71
電話　編集部 03-3266-5611
読者係 03-3266-5111
ホームページ　http://www.shinchosha.co.jp/tonbo/
印刷所　半七写真印刷工業株式会社
製本所　加藤製本株式会社
カバー印刷所　錦明印刷株式会社

ISBN978-4-10-602253-1 C0377